Hans-Peter Zimmermann

Astro-Coaching

**Entwicklungs-Astrologie als Türöffner
und wertvolle Lebenshilfe**

Bibliografische Information der Deutschen Nationalbibliothek
Die Deutsche Nationalbibliothek verzeichnet diese Publikation in der Deutschen Natio-
nalbibliografie. Detaillierte bibliografische Daten sind im Internet über portal.d-nb.de
abrufbar.

Herstellung und Verlag:
BoD – Books on Demand, Norderstedt (www.bod.de)

ISBN: 9783756820535

1. Auflage 2014 (Hardcover)
2. (gründlich überarbeitete) Auflage 2016 (Paperback)
3. (überarbeitete, vereinfachte und ergänzte) Auflage 2022 (Paperback)

Lektorat:
Gabriela Wellner

Inhalt

Über den Autor

Hans-Peter Zimmermann, Jahrgang 1957, in der Schweiz geboren und aufgewachsen, pendelte zweimal in seiner bewegten Lebensgeschichte während mehrerer Jahre zwischen der Schweiz und Südkalifornien.

Er ist eine typische Wassermann-Schütze-Steinbock-Kombination, die sich als Allrounder immer wieder neu zu erfinden wagt, in großen Kategorien denkt und sich für die Menschheit als Ganzes engagiert, dabei jedoch immer auf dem Teppich bleibt. Zimmermann ist seit 1986 selbständiger Unternehmer-Coach, seit 1997 Ausbilder für klinische Hypnose, und seit 2012 Entwicklungs-Astrologe.

Original-Ton eines Zimmermann-Kunden: „Ich dachte immer, Astrologie sei Mumpitz. Aber wenn HPZ sich damit befasst, muss etwas dran sein!"

Was Sie zu dieser Neu-Auflage wissen müssen...

Acht Jahre sind seit der Erstauflage dieses Buches vergangen, und es erfreut sich großer Beliebtheit. Das freut mich riesig.

Die Feedbacks meiner mittlerweile über eintausend Kunden, die ich astrologisch beraten durfte, deuten darauf hin, dass meine Vision realistisch ist: Eine Welt, in der die Unternehmerinnen und Unternehmer ihre Teams immer öfter mit astrologischer Unterstützung zusammenstellen, und zwar nicht mit Hilfe von teuren Beratern, sondern aufgrund ihrer eigenen astrologischen Fähigkeiten.

Die Teilnehmer der meisten Astrologie-Seminare sind in der Regel zu über 90 Prozent weiblichen Geschlechts. Bei mir sind es ungefähr zu 70 Prozent Männer. Wenn Sie mich fragen, sind das gute Nachrichten, und zwar auch für die Frauen. Denn es bedeutet, dass sie immer weniger Gefahr laufen, als leichtgläubige Esoterik-Tussis verschrien zu werden, wenn sie sich mit Astrologie befassen. Wenn diese Tendenz anhält, habe ich meinen Auftrag erfüllt.

Mittlerweile ist es den meisten Menschen klar, dass sie ein bisschen mehr kennen müssen als nur den Stand der Sonne und des Aszendenten in einem Geburtshoroskop, wenn sie etwas über den komplexen Charakter eines Menschen herausfinden wollen. Aber so viel wie gewisse Profi-Astrologen behaupten, ist es eben auch nicht, und ich werde mich bemühen, mein Lernsystem so lange zu optimieren, bis es für jeden durchschnittlich begabten Menschen zum Kinderspiel wird, das kleine Einmaleins der Astrologie zu beherrschen.

In diese dritte Auflage flossen meine praktischen Erfahrungen der letzten sechs Jahre mit hinein. Zahlreiche Vereinfachungen, aber auch wichtige Ergänzungen sind das Resultat.
Ich wünsche Ihnen viel Freude und große Lernsprünge!

Saanen/Gstaad, im September 2022
Hans-Peter Zimmermann

Was ist Entwicklungs-Astrologie?

Der Saturn auf meinem Aszendenten, und natürlich auch mein Geburts-merkur im Steinbock, verlangen von mir, dass ich nicht einfach nur eine leicht überarbeitete Neu-Auflage starte, sondern ganz klar kommuniziere, dass nach meinen ersten euphorischen Gehversuchen mit diesem faszi-nierenden Coaching-Tool der Groschen endgültig gefallen ist.

Seit ich mir im Jahr 2010 das kleine Einmaleins der Astrologie einverleib-te und mit diesen Bausteinen zu üben begann, habe ich dank Skype und Zoom gute dreitausend Astro-Coachings durchführen dürfen. Davon wa-ren über den Daumen gepeilt etwa fünf Coachings etwas seltsam und un-befriedigend; die restlichen 2990 Sitzungen waren ein tolles Erlebnis, und zwar sowohl für meine Klienten wie auch für mich. Mit diesem ver-schwindend kleinen Prozentsatz an „Nieten" kann ich zwar leben, aber ich werde trotzdem mit Ihnen zusammen herauszufinden versuchen, woran das liegen könnte.

Lassen wir einmal diejenigen Fälle beiseite, wo die Geburtszeit nicht kor-rekt recherchiert wurde. Fünf Minuten früher oder später macht zwar bei vielen keinen großen Unterschied, aber es kann sich in einigen Fällen auswirken wie Tag und Nacht.

Etwas ist mir mittlerweile wirklich klar geworden, und Sie sollten sich diesen Grundsatz vor der Lektüre dieses Buches merken:
Das Geburtshoroskop zeigt nicht zwingend an, wie ein Mensch *ist*, son-dern wie er *sein könnte*, wenn er seine Ressourcen vollständig nutzt und sich nach seiner Intuition richtet. Meine Erfahrung zeigt, dass die Deu-tung eines Geburtshoroskops umso mehr mit der Wirklichkeit überein-stimmt, je mehr der Klient sich bisher getraut hat, sein Leben zu leben. Wer dagegen immer nur das getan hat, was die anderen von ihm erwarte-ten, der wird sich, wenn er seine Radix-Deutung hört, fühlen, als säße er in einem Fantasy-Film. Ganz tief in seiner Seele klingt etwas an, aber es kommt wie von einem anderen Stern.

Sicher werden Sie sich jetzt fragen: Wenn eine gut funktionierende Intui-tion genügt, um seinem Lebensplan auf die Schliche zu kommen, wozu braucht es dann die Astrologie? Aus einem einfachen Grund: Wenn wir Menschen eine innere Stimme hören, können wir leider nie ganz sicher sein, ob es sich wirklich um unsere Intuition handelt, oder ob die Stimme nur Ausdruck unserer Ängste, Wünsche und Unsicherheiten ist. Um ein konkretes Beispiel zu nennen: Sie haben eines Tages den Impuls, Ihre sichere Stelle bei einer Bank aufzugeben und sich ganz Ihrem Hobby, der Bildhauerei, zu widmen. Wie können Sie wissen, ob das nur eine Spinnerei aufgrund Ihrer Arbeitsüberlastung ist, und ob Sie dieser Entscheid in den finanziellen Ruin stürzen wird, oder ob dieser intuitive Impuls genau zum richtigen Zeitpunkt kommt und Sie mit Ihren Skulpturen nicht nur glücklich, sondern sogar wohlhabender werden, als Sie sich das als kleine Bankangestellte jemals erträumt hätten?

Ich glaube heute fest daran, dass die Deutung des Geburtshoroskops durch einen Entwicklungs-Astrologen jedem Menschen den direktesten Weg zur privaten und beruflichen Erfüllung zeigt. Vor acht Jahren sagte ich einem Coaching-Klienten aufgrund der Himmelsmitte und deren Herrscher, dass berufliche Selbständigkeit für ihn fast zwingend sei, und die Transite, Progressionen und Solar-Horoskope der nächsten Monate deuteten darauf hin, dass die Zeit jetzt reif war. Allerdings wäre ich kein seriöser Unternehmer-Coach, wenn ich meine Kunden nicht auch in angemessenem Maße warnen würde. Wer eine Familie zu ernähren hat, auf keine Ersparnisse zurückgreifen kann und eher schlecht im Rechnen ist, der sollte nicht leichtfertig seine sichere Stelle kündigen. Ein Jahr später hatte ich mit besagtem Kunden erneut Kontakt. Er erzählte mir, er hätte gleich nach unserem Gespräch seine Stelle gekündigt, eine eigene Firma gegründet, und er sei vom ersten Tag an erfolgreich gewesen; der Spruch „viele Menschen kommen vor lauter Arbeit nicht zum Geldverdienen" treffe auf ihn hundertprozentig zu. Ich war selbst erstaunt über diesen ungewöhnlich schnellen Erfolg, aber diese Geschichte bestätigt einmal mehr: Wenn die Zeit reif ist, ist sie reif. *Ob* und *wann* sie reif ist, das können Sie mit Unterstützung der Entwicklungs-Astrologie mit fast unfehlbarer Präzision herausfinden.

Also, was meinen Sie? Wollen wir's angehen? Gut, dann nichts wie los!

Zu welcher Gruppe gehören Sie?

Liebe Leserin, lieber Leser,

Ich versuche mir gerade vorzustellen, wie Sie zur Astrologie stehen.
Sind Sie ein Skeptiker der radikalen Sorte? Dann werden Sie dieses Buch
vermutlich nur bis Seite 20 lesen und dann irgendwo im Internet einen
Verriss publizieren, und zwar am liebsten anonym, damit man nicht mit
gleicher Wucht gegen Sie zurückschlagen kann. Damit muss man leben,
wenn man seinen eigenen Weg geht.

Sind Sie nur ein bisschen skeptisch? Haben Sie, genau so wie ich auch, in
Ihrem Leben zwei bis drei astrologische Computer-Analysen erstellen
lassen? Waren die einen Aussagen total zutreffend und die anderen überhaupt nicht? Oder war die Analyse so vage formuliert, dass alles irgendwie
zutreffen musste? Vielleicht kennen Sie auch den Fachbegriff für dieses
Phänomen, dass der Mensch allgemeine Aussagen über seine Person als
zutreffend zu akzeptieren tendiert. Man nennt das den Barnum-Effekt
oder Forer-Effekt.

Habe ich Sie noch immer nicht richtig beschrieben? Sind Sie ein blinder
Astrologie-Fan? Richten Sie Ihren Alltag nach den Transiten aus? Packen
Sie nichts Neues an, wenn der Merkur rückläufig ist oder gerade eine
Leermond-Phase herrscht?

Oder sind Sie ganz einfach ein Mensch, der ganzheitlich wachsen will?
Ganzheitliches Wachstum schließt für mich spirituelles wie auch materi-
elles Wachstum ein. Ein gesunder Baum wächst nicht nur nach oben,
sondern auch nach unten. So möchte ich unsere kleine Reise durch die
Astrologie verstanden wissen: Als bodenständige Beschäftigung mit einem Coaching-Instrument, das uns viele Türen öffnen kann. Ich jedenfalls habe noch nie erlebt, dass mir ein Kunde nach einem Astro-Coaching vorwarf, das sei für ihn völlig sinnlos gewesen.

Ein Türöffner ist die Astrologie in zweierlei Hinsicht: Sie öffnet einerseits
Ihren Freunden die Türen zu ihrer Persönlichkeits-Entwicklung, und an-
dererseits Ihnen als Coach die Türen für weitere Coaching-Aufträge.

Damit ich es nicht vergesse:

- ☐ Ich bin sehr leichtgläubig.

- ☐ Ich bin ein bisschen skeptisch.

- ☐ Ich bin mittelgradig skeptisch.

- ☐ Ich bin extrem skeptisch, lasse mich aber gerne überraschen.

- ☐

- ☐

- ☐

- ☐

- ☐

- ☐

- ☐

Wie und warum funktioniert Astrologie?

Das Erste, was man von Astrologie-Skeptikern hört, ist in der Regel diese Frage: „Du bist doch nicht ernsthaft der Meinung, dass die Sterne unser Leben steuern!"

Meine Antwort: Nein, dieser Ansicht bin ich nicht, genau so wenig, wie ich denke, dass unsere Uhren die Zeit steuern. Sie zeigen sie lediglich an. Ich glaube jedoch, dass es für jeden Menschen einen Lebensplan gibt, und die Astrologie ist eine von vielen Möglichkeiten, diesem Plan auf die Spur zu kommen.

Die alten Griechen hatten zwei Götter für die Zeit. Chronos war zuständig für die Zeit*quantität*, und Kairos für die Zeit*qualität*, oder anders gesagt, für den *günstigen Zeitpunkt*. Wir alle wissen, was ein Chronometer ist. Er zeigt uns, wie die Stunden, Minuten und Sekunden unseres Lebens an uns vorbei schreiten. Die Astrologie ist sozusagen unser *Kairometer*, der uns etwas über unsere Zeitqualität verrät.

Wer dieses Kairometer installiert hat? Ich habe keine Ahnung! Ich stehe nur staunend davor und wundere mich immer wieder, was es alles anzeigt und wie zutreffend das alles ist, wenn man gelernt hat, diese Himmelsuhr richtig zu lesen.

Übrigens, falls Sie skeptisch sind, verstehe ich sehr gut, wie Sie sich fühlen: Im Frühling 2010 nahm ich mir vor, die Astrologie näher kennenzulernen, um sie dann mit gutem Gewissen kritisieren zu können. Denn Hand aufs Herz: Es ist doch ziemlich bescheuert, sich über ein Fachgebiet lächerlich zu machen, das man nicht kennt!
Nun, mein Experiment ging ziemlich in die Hose. Die Astrologie ist für mich zu einem Coaching-Instrument geworden, mit dessen Hilfe ich tief in die Seele meiner Klienten blicken kann. Ich möchte es auf gar keinen Fall mehr missen.

Solches ist übrigens schon bekannteren Leuten als mir passiert:
Um 1866 herum besuchte der Medizinprofessor Hippolyte Bernheim den bescheidenen Landarzt Ambroise-Auguste Liébeault, der in seiner medizinischen Praxis in Nancy Hypnose verwendete, um seine Patienten zu

heilen. Bernheim wollte ihn der Scharlatanerie überführen, war dann aber so begeistert von Liébeaults Erfolgen, dass die beiden die später berühmt gewordene Hypnose-Schule von Nancy gründeten.

Um 1877 herum zog der amerikanische Arzt und Homöopathie-Gegner James Tyler Kent als letzte Hoffnung für seine seit zwei Jahren kranke Frau einen homöopathischen Arzt zu Rate. Nachdem Kents Frau dank Homöopathie schnell gesund geworden war, gab er seinen Lehrstuhl am American College auf und widmete sein Leben fortan der Homöopathie. Sein Repertorium ist immer noch weltweit eines der beliebtesten.

Für all jene Leser, die sich als Wissenschaftler bezeichnen, nur weil sie wissen, bei wie viel Grad Wasser in den gasförmigen Zustand übergeht, möchte ich die Definition von Wissenschaft in Erinnerung rufen. Bei Wikipedia lesen wir:

Wissenschaft (Wissen schaffen) ist die Erweiterung von Wissen durch Forschung (nach neuen Erkenntnissen suchend), seine Weitergabe durch Lehre, der gesellschaftliche, historische und institutionelle Rahmen, in dem dies organisiert betrieben wird, sowie die Gesamtheit des so erworbenen Wissens.

Forschung ist die methodische Suche nach neuen Erkenntnissen sowie ihre systematische Dokumentation und Veröffentlichung in Form von wissenschaftlichen Arbeiten.

Lehre ist die Weitergabe der Grundlagen des wissenschaftlichen Forschens und die Vermittlung eines Überblicks über das Wissen eines Forschungsfelds (den sogenannten aktuellen Stand der Forschung).

Auf gut Deutsch: Skeptiker-Organisationen brüsten sich oft damit, dass sie Wissenschaftler seien. Dabei sind sie oft Wissenschafts-Verhinderer. Ein echter Wissenschaftler beobachtet die Welt und versucht, seine Beobachtungen mit seinem bisherigen Weltbild zu erklären. Wenn das nicht gelingt, muss nicht die Welt sich ändern, sondern der Wissenschaftler sein Weltbild.

Ich möchte Sie einladen, die Grundlagen der Astrologie zu lernen und mit Ihrem neu gewonnenen Wissen Beobachtungen anzustellen. Die Chance ist relativ groß, dass sich dadurch Ihr Weltbild verändern wird.

Damit ich es nicht vergesse:

Meine Einstellung zum Thema Wissenschaft:

Was ich bereits über Astrologie weiß:

Muss man Astronomie beherrschen, wenn man Astrologe sein will?

Das ist eine gute Frage. Ich habe eine Gegenfrage für Sie: Müssen Sie Automechaniker sein, um ein Motorfahrzeug lenken zu dürfen? Sollten Sie Hirnforscher sein, um Hypnose anzuwenden?

Zwar waren es früher die Astronomen, die oftmals irgendwann begannen, sich für Astrologie zu interessieren. Ja, ohne astronomische Kenntnisse war man auch gar nicht in der Lage, ein Horoskop zu berechnen. Das hat sich in den letzten Jahren durch preisgünstige Computer-Programme radikal geändert. Das Symbolsystem wird uns auf Knopfdruck geliefert, und wir müssen es nur noch deuten können.

Natürlich hilft es immer noch, wenn man ein paar grundsätzliche Dinge weiß, zum Beispiel die Reihenfolge der Planeten. Die kann man sich übrigens sehr gut merken mit folgendem Spruch: „Mein Vater erklärt mir jeden Samstag unsere neun Planeten."

Mein	Merkur
Vater	Venus
erklärt	Erde
mir	Mars
jeden	Jupiter
Samstag	Saturn
unsere	Uranus
neun	Neptun
Planeten	Pluto

Weiter ist es sinnvoll zu wissen, wie schnell diese Planeten sich um die Sonne bewegen:

Planet	Mittlere Entfernung zur Sonne in Millionen km	Umlaufzeit um die Sonne
Merkur	57,91	88 Tage
Venus	108,2	225 Tage
Erde	149,6	365,25 Tage
Mars	227,94	1,9 Jahre
Jupiter	778,33	11,9 Jahre
Saturn	1429,4	29,5 Jahre
Chiron	2042	50,4 Jahre
Uranus	2870,99	84 Jahre
Pholus	3053	92 Jahre
Neptun	4504,3	165 Jahre
Pluto	5913,52	248 Jahre

In einigen astrologischen Schulen spielen auch Kentauren eine Rolle, eine Mischung aus Asteroid und Komet, die man in den letzten Jahren entdeckt hat. Ich arbeite mit zwei davon:

Chiron wurde 1977 entdeckt. Er befindet sich zwischen Saturn und Uranus, hat eine exzentrische Umlaufbahn, und der mittlere Abstand von der Sonne ist 2042 Millionen Kilometer. Für eine Umkreisung um die Sonne braucht er 50,4 Jahre.

Pholus, 1992 entdeckt, läuft zwischen Saturn und Neptun exzentrisch um die Sonne. Mittlerer Abstand 3053 Millionen Kilometer. Umlaufzeit ca. 92 Jahre.

Vor etwa 500 Jahren setzte sich in der Astronomie das so genannte heliozentrische Weltbild durch, also die Annahme, dass die Sonne der Mittelpunkt unseres Universums ist. Damals wusste man noch nicht, dass das Universum viel größer ist als unser Sonnensystem. Es gibt auch Astrologie-Schulen, die dieses Weltbild verwenden, und die modernen Computerprogramme beherrschen es ebenso.

Aber die meisten Astrologen arbeiten immer noch mit dem geozentrischen Weltbild, betrachten das Ganze also aus der Sicht der Erde. Der Grund? Wir leben schließlich auf der Erde und nicht auf der Sonne. Unser Leben ist subjektiv, und da drängt sich auch eine subjektive Betrachtung der großen Himmelsuhr auf.

Daraus ergeben sich ein paar interessante Phänomene. Das erste und wichtigste ist die scheinbare Rückläufigkeit von Planeten. Alle Gestirne außer Sonne und Mond scheinen zeitweise rückwärts zu laufen. Das tun sie nicht wirklich; es sieht nur von der Erde aus betrachtet so aus. Wie das genau zustande kommt, können Sie im Internet studieren, falls Sie das interessiert.

Das zweite Phänomen: Durch das geozentrische Weltbild und die Rückläufigkeit stimmen die oben genannten Umlaufzeiten der Planeten um die Sonne nicht überein mit der Zeit, in der sie einmal ganz durch den Tierkreis wandern. Nur bei der Sonne sind die Zeiten gleich.

Planet	Zeit, um einmal durch den Tierkreis zu wandern	Wechselt das Zeichen alle...	Bewegung pro Tag durch den Zodiak
Sonne	365,25 Tage	ca. 30 Tage	53 Bogenminuten (knapp 1 Grad)
Mond	29,5 Tage	ca. 2,5 Tage	ca. 12 Grad
Merkur	ca. 1 Jahr	14 bis 30 Tage, je nach Rückläufigkeit	0 bis etwas über 2 Grad
Venus	10-14 Monate	14 bis 30 Tage, je nach Rückläufigkeit	max. 1 Grad und 15 Minuten
Mars	ca. 2 Jahre	ca. 1,5 Monate	ca. 0,5 Grad
Jupiter	ca. 12 Jahre	1 Jahre	1/5 bis 1/12 Grad, je nach Tempo und Rückläufigkeit
Saturn	ca. 29,5 Jahre	ca. 2,5 Jahre	0 bis 8 Bogenminuten
Chiron	50,4 Jahre	1,5 bis 8 Jahre (elliptische Bahn)	0 bis 4 Bogenminuten

Planet	Zeit, um einmal durch den Tierkreis zu wandern	Wechselt das Zeichen alle...	Bewegung pro Tag durch den Zodiak
Uranus	84 Jahre	ca. 7 Jahre	0 bis 4 Bogenminuten
Pholus	92 Jahre	2 bis 22 Jahre (elliptische Bahn)	0 bis 4 Bogenminuten
Neptun	165 Jahre	ca. 14 Jahre	0 bis 3 Bogenminuten
Pluto	248 Jahre	14 bis 30 Jahre	0 bis 3 Bogenminuten

Auch wenn mich ein paar eingefleischte Astrologen für meine pragmatische Haltung kritisieren werden: Ich bin der Meinung, dass so viel astronomisches Wissen genügt, um die Astrologie als wertvolles Coaching-Instrument zu nutzen. Mehr ist zwar nett, muss aber nicht sein.

Ach ja, was die Asteroiden Chiron und Pholus hier zu suchen haben, erfahren Sie später...

*Ernsthafte Lerner fassen hier
das Kapitel zusammen:*

Warum Computer-Deutungen nicht sehr sinnvoll sind

In den letzten Jahren sind gewiefte Programmierer auf die Idee gekommen, Lizenzen für ihre Astrologie-Programme mit eingebauter Deutung zu verkaufen. So kann theoretisch auch jemand, der absolut keine Ahnung hat von Horoskopen, eine adrett gebundene Deutung eines Geburts- oder Solarhoroskops verkaufen und sich damit ein nettes Zubrot verdienen.

Computer-Deutungen sind deshalb nicht besonders sinnvoll, weil sie mit Textbausteinen arbeiten. Das bedeutet, es wird jede Komponente einzeln beschrieben, ohne jegliche Rücksicht auf bremsende oder fördernde Wechselwirkungen.

Ein Beispiel: Jemand wie ich, dessen Aszendent im Schützen liegt, muss zuerst lesen, wie untreu und flatterhaft er ist, und wie er oftmals die Dinge nicht zu Ende bringt, um erst Seiten später zu erfahren, dass er den Saturn voll auf dem Aszendenten hat, der ihm viel Disziplin gibt und für Treue sorgt. Verständlich, dass so jemand an der Brauchbarkeit der Astrologie zweifelt, nach dem Motto „Einmal so und dann noch das Gegenteil, das kann ich auch".

Würde man dieses Horoskop live vor dem Klienten deuten, dann würde man das mit der Untreue gar nicht sagen, weil der Saturn auf dem Aszendenten einem schon von weitem ins Auge springt.

Was der Computer auch nicht besitzt, ist Intuition. Damit will ich nicht sagen, dass Astrologie lediglich ein Trigger für die Intuition ist. Sie ist zwar ausschlaggebend für die Gewichtung der einzelnen Elemente, jedoch das Grund-Temperament eines Menschen ist im Horoskop immer sichtbar, auch ohne Intuition. Wenn mir jedoch zu einem bestimmten Punkt nichts Brauchbares einfällt, dann sage ich auch nichts dazu. Und dies wahrscheinlich aus gutem Grund. Wenn ich nämlich versuchen würde, auf Teufel komm raus eine Deutung vorzunehmen, so wie der Computer das tut, wäre sie vermutlich nicht stimmig.

Für Menschen, die Astrologie lernen wollen, können solche Deutungen, falls sie nicht total vage formuliert sind, trotz allem nützlich sein. Wenn

23

Sie zum Beispiel nichts mit der Tatsache anfangen können, dass der Mond im Skorpion im vierten Haus ist, schauen Sie in verschiedenen Computer-Programmen oder auch im Internet nach, was andere Astrologen dazu sagen, und bilden sich eine eigene Meinung.

Zukunftsvoraussage oder Türöffner?

Es mag für Sie banal klingen, aber ich finde es wichtig, dass Sie sich folgende Tatsache vor Augen halten:

Ihr Geburtshoroskop, auch Radix genannt, bleibt ein Leben lang dasselbe. Wie hätte ich es also gedeutet, als Sie zehn Jahre alt waren? Ohne Sie je getroffen zu haben, hätte ich Ihren Eltern sagen können, was Sie für ein Temperament haben, und Ihre Eltern hätten staunend genickt. Ich habe zum Beispiel einmal einem Elternpaar gegenüber ihre zwei Kinder wie folgt beschrieben:

„Euer älteres Kind hat wenig Feuer und wenig Luft, aber viel Erde und Wasser. Das bedeutet, es hat es ein wenig schwer, in die Gänge zu kommen. Es nimmt alles sehr gemütlich, und es kann sein, dass Euch das nervt, wenn Ihr immer wieder sagen müsst, es soll sich endlich anziehen für die Schule. Denkt daran, dass es nicht nur gemütlich und ein Genussmensch ist, sondern auch sehr feinfühlig. Beobachtet, in welche Richtung seine Interessen gehen. Es kann sein, dass das Wasser dominiert und es Erfüllung darin findet, anderen helfen zu dürfen. Es kann sein, dass die Erde mehr durchkommt und es sich entweder zu bodenständigen Berufen oder auch dem Bankwesen hingezogen fühlen wird. Seine Stierbetonung könnte es auch in Richtung Kunst ziehen, Musik oder Malerei. Was Ihr auf keinen Fall tun dürft, ist, dass ihr es zwingt, eine akademische Laufbahn einzuschlagen.

Euer jüngeres Kind hingegen hat enorm viel luftige und veränderliche Energie und viel Feuer und kardinal. Das bedeutet, es hat kein Problem, in die Gänge zu kommen, es hat einen messerscharfen Verstand, der laufend beschäftigt werden muss. Es kann sein, dass es in der Schule nicht stillsitzen kann oder sogar die Diagnose Aufmerksamkeits-Defizit-Störung verpasst bekommen hat. Das würde daran liegen, dass es intellektuell unterfordert ist. Bringt es mit Denksportaufgaben in Kontakt, bringt ihm das Schachspielen bei und ermuntert es zum Schreiben von Geschichten. Beobachtet, worauf es besonders anspricht und fördert es entsprechend."

Sie müssen doch zugeben, das hat nichts mit dem Barnum-Effekt zu tun, oder? Man könnte die beiden Deutungen nicht einfach beliebig austauschen. Es erübrigt sich wohl zu sagen, dass diese Eltern meine Deutung zu hundert Prozent bestätigten.

Was aber ist mit dem Rest des Horoskops? Mit dem MC zum Beispiel und seinem Herrscher? Bei den Kindern ist das reines Potenzial. Wie viel von Ihrem Geburtshoroskop heute bereits realisiert ist, hängt ganz davon ab, wie sehr Sie sich für Persönlichkeitsbildung interessieren, an einen Lebensplan glauben und willig sind, den durch alle Hindernisse hindurch zu erfüllen.

Wenn Sie sich die letzten zwanzig Jahre nur ums *Über*leben anstatt ums Leben gekümmert haben, dann wird der Großteil Ihrer Radix immer noch reines Potenzial sein und darauf warten, entdeckt und verwirklicht zu werden. Ich kann Ihnen also nicht sagen, was Sie beruflich *machen*. Ich kann Ihnen lediglich verraten, was Ihnen in beruflicher Hinsicht *Erfüllung bringen würde*. Aber auch das sollten Sie mir nicht blindlings glauben, sondern in sich hinein horchen. In der Regel ist es so, dass man schon einmal daran gedacht, aber es dann als unerreichbares Ziel oder gar als Hirngespinst abgetan hat. Wenn man jedoch hört, dass das entsprechende Potenzial im Geburtshoroskop angelegt ist, dann traut man sich oftmals auch, die wichtigen und erfüllenden Dinge endlich anzupacken.

Insofern ist Astrologie, wenn man sie vernünftig betreibt, ein Türöffner und Zielverstärker erster Güte. Ich jedenfalls habe noch nie erlebt, dass ein Kunde nach einem Astro-Coaching der Meinung war, er hätte jetzt weniger Möglichkeiten als vorher. Die Mehrheit der Menschen fühlt sich danach befreit und ermutigt, ihren Lebensplan zu leben.

In fünf Minuten das Temperament eines Unbekannten erraten

Ich staune über die Tatsache, dass andere Astrologie-Bücher nicht mit diesem Kapitel beginnen. Wenn Sie nämlich nur das allein lernen, können Sie schon sämtliche Eltern damit verblüffen, dass Sie ihnen etwas über das Temperament ihrer Kinder verraten, und zwar ohne dass Sie diese Kinder kennen.

Die meisten Astro-Programme bieten eine Zusammenfassung der Elemente (Feuer, Erde, Luft, Wasser) und Qualitäten oder Modalitäten (kardinal, fest, veränderlich). Hier ein Beispiel des Mac-Programms Kairon, das ich seiner professionellen Grafik wegen besonders mag. Aus mir unverständlichen Gründen verwenden alle Windows- und leider auch die meisten Mac-Programme noch eine Horoskop-Grafik, die aussieht wie von Erstklässlern gezeichnet.

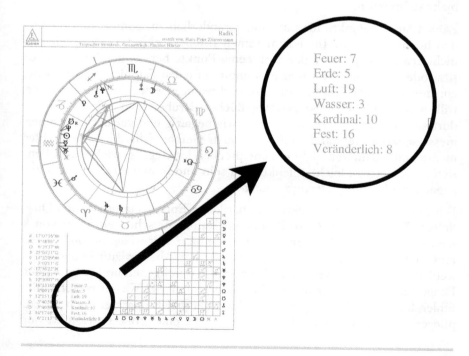

Feuer: 7
Erde: 5
Luft: 19
Wasser: 3
Kardinal: 10
Fest: 16
Veränderlich: 8

Wenn Sie die Punkte für Feuer und kardinal zusammenzählen, zeigt Ihnen das, wie viel Unternehmergeist jemand hat, wie mutig er ist, wie sehr er die Dinge anpackt. Wenn jemand dort ein Manko hat, wird er etwas Mühe haben, in die Gänge zu kommen. Aber Vorsicht: Bevor Sie das jemandem sagen, der viel Luft und veränderlich hat, denken Sie daran, dass es um so einen Menschen auch nicht langweilig wird, weil er ein intellektuelles Bedürfnis hat, das ihn antreibt!

Bei Erwachsenen deutet viel Feuer und kardinal auch oft darauf hin, dass man eine Kerze ist, die an beiden Enden brennt, und das wiederum bedeutet: Vorsicht Burnout!

Wenn Sie die Punkte für Erde und fest zusammenzählen, zeigt Ihnen das, wie bodenständig jemand ist, wie materialistisch jemand denkt, und zwar im positiven wie auch im negativen Sinn. Es zeigt Ihnen auch, ob jemand die Dinge, die er begonnen hat, auch mit der nötigen Geduld und Beharrlichkeit zu Ende bringt.

Wer viel Erde/fest und wenig Feuer/kardinal hat, braucht immer einen Kick, damit er etwas anpackt. Aber wenn er mal dran ist, ist er fast nicht mehr zu bremsen.

Zählen Sie die Punkte für Luft und veränderlich zusammen, und Sie finden heraus, wie sehr Ihr Klient seinen Intellekt einsetzt. Das bedeutet nicht etwa, dass jemand, der dort wenig Punkte hat, keinen Verstand besitzt oder gar dumm ist. Aber er kommt auf jeden Fall nicht in Verdacht, ein intellektueller Grübler zu sein, und wenn er etwas Neues anpacken will, wird er nicht zuerst zwanzig Bücher darüber lesen. Wenn jemand dort sehr viel hat, ist er zwar enorm wissbegierig und verfügt über einen messerscharfen Verstand, läuft aber auch Gefahr, falls die anderen Elemente und Qualitäten nicht ein entsprechendes Gegengewicht darstellen, sich zu verzetteln, leicht ablenkbar zu sein und immer wieder Neues anzupacken, ohne etwas fertig zu machen.

Fehlt noch das Element Wasser; es hat keine Entsprechung bei den Qualitäten. Das heißt, im Astro-Programm Kairon ist schon ein Wert von 8 relativ viel. Wasser steht für Gefühl. Auch hier: Wer wenig davon besitzt, muss nicht befürchten, dass er kein Gefühl hat. Aber er läuft in der Regel weniger Gefahr, dass seine Gefühle mit ihm durchgehen und er im Affekt Dinge tut, die er später bereut. Ein Mensch mit viel Wasser ist sehr mitfühlend, verfügt also im positiven Sinn über viel Empathie. Auch unsere pflegerischen und sozialen Berufe wären ohne eine große Portion Wasser nicht denkbar. Auf der Schattenseite kann diese Wasserbetonung in ein Helfersyndrom ausarten und darin, dass man sich schlecht abgrenzen kann und mitleidet, wenn andere leiden.

Sind Sie bereit, die Qualitäten oder Modalitäten „kardinal", „fest" und „veränderlich" noch etwas differenzierter zu betrachten?

Beispiel 1, ein neues Produkt wird lanciert

Wenn man ein neues Produkt auf den Markt bringen will, braucht es dazu als erstes eine zündende Idee (kardinal), dann muss jemand geduldig und beharrlich (fix) an der Verwirklichung dieser Idee arbeiten, bis sie zur Materie wird. Und jetzt muss die Kunde von diesem Produkt verbreitet werden (beweglich), damit man damit Geld verdienen kann.

Beispiel 2, Wasser in der Natur

Wasser beginnt bei der Quelle (kardinal), fließt dann längere Zeit in einer vorgegebenen Richtung in einem Fluss (fix), um schließlich im Meer anzukommen und sich unendlich ausbreiten zu können (beweglich).

Beispiel 3, Wasser in einem Haus

Wasser wird in das Leitungsnetz eines Hauses gepumpt (kardinal), folgt dann einem vorgegebenen Weg durch das System (fix), und sobald es aus dem Wasserhahnen tritt, ist es wieder frei (beweglich).

Anhand dieser Beispiele wollen wir versuchen, die Qualitäten der einzelnen Sternzeichen etwas besser zu ergründen:

Widder

Kardinales Feuer. Damit Feuer entstehen kann, braucht es eine Initialzündung, einen Funken. Dieser Funke kümmert sich wenig darum, ob das Feuer nachher weiterbrennt.

Löwe

Fixes Feuer. Vergleichbar mit der Glut. Das Feuer wird gepflegt und erhalten.

Schütze
Bewegliches Feuer. Das Feuer wird verbreitet. Der Funke springt auf andere(s) über. Vergleichbar mit einem Buschfeuer.

Steinbock
Kardinale Erde. Erde wird herangekarrt und aufgebaut.

Stier
Fixe Erde. Die Erde wird gepflegt und zusammengehalten.

Jungfrau
Bewegliche Erde. Die Erde wird ausgebreitet, analysiert, und die Spreu wird vom Weizen getrennt.

Waage
Kardinale Luft. Durch die Reibung der Luftmasse mit der Erdoberfläche entsteht Wind.

Wassermann
Fixe Luft. Eine Gewitterwolke, gefüllt mit Wasser. Explosiv entlädt sie sich und bringt Wasser auf die Erde. Daher der "Wasserträger" oder eben "Wassermann".

Zwillinge
Bewegliche Luft. Gedanken (Luft) werden ausgetauscht, frei und ohne Ziel.

Krebs
Kardinales Wasser. Die Quelle, die Wurzel, der Ursprung der Emotionen. Impulsiv und ein wenig unberechenbar.

Skorpion
Fixes Wasser. Einige Astrologen vergleichen das mit einem Fluss, der eingefasst ist (fest) und dafür sorgt, dass das Wasser in eine vorgegebene Richtung fließt. Andere sprechen von einem dunklen, stehenden Gewässer, das der Skorpion ergründen will, obschon es Angst macht.

Fische
Bewegliches Wasser. Im Ozean ist das Wasser völlig frei. Und der typische Fische-Spruch "Ich bin doch nur ein Tröpfchen im großen Ozean der Menschheit" ergibt Sinn.

Wenn Sie diese Stichworte mit den konkreteren Informationen vergleichen, die Sie in einem der nächsten Kapitel über die einzelnen Sternzeichen lernen, werden Sie vermutlich zu einem tieferen Verständnis kommen.

Zum Schluss noch eine Warnung: Nicht jedes Astrologie-Programm bewertet die Elemente und Qualitäten gleich! Es gibt Programmierer, die vier Erdpunkte geben, wenn die Sonne in einem Erdzeichen ist, drei Erdpunkte, wenn der Mond sich in einem Erdzeichen befindet, und zwei Erdpunkte, wenn der Aszendent in einem Erdzeichen steht. Andere wiederum sind der Meinung, man müsste in allen drei Fällen jeweils drei Erdpunkte vergeben.

Am besten probieren Sie aus, ob Ihr bevorzugtes Astro-Programm hier brauchbare Werte liefert. Bei einigen kann man sich sogar sein eigenes Bewertungssystem basteln. Aber dazu müssen Sie natürlich mehr über Astrologie kennen als nur die Elemente und Qualitäten.

Also, packen wir's an...

Ernsthafte Lerner fassen hier
das Kapitel zusammen:

So wird gedeutet

In den meisten Astrologie-Büchern bringt man Ihnen zuerst alle Bausteine bei, und zeigt Ihnen erst am Schluss, wie man damit etwas zusammenbaut. Ich habe dieses Vorgehen schon in der Schule gehasst, zum Beispiel im Französisch-Unterricht. Warum soll man zuerst tonnenweise Vokabeln pauken, bevor man den ersten französischen Satz aussprechen darf?

Ich mache es umgekehrt. Ich zeige Ihnen jetzt gleich, woraus ein Horoskop besteht und nach welchen Kriterien ich persönlich eine Deutung vornehme. Einverstanden?

Dieses Vorgehen sollte Sie dann so richtig neugierig darauf machen, welche Eigenschaften man den einzelnen Sternzeichen, Häusern und Planeten zuschreibt, und wie man dies alles vernetzt interpretiert.

Das Schöne ist: Sie müssen sich nur zwölf Energien merken, obschon es insgesamt 36 Faktoren gibt, die vernetzt werden müssen. Aber jedem Sternzeichen entspricht auch ein Haus und ein Planet, so dass man tatsächlich sagen kann, das astrologische Alphabet besteht aus nur zwölf Buchstaben. Glauben Sie aber nicht, dass das bedeutet, man könne jeden Menschen in nur zwölf Schubladen einteilen. Ich erspare Ihnen die Mathematik; Sie kommen sicher selber drauf, wie viele Kombinationen durch diese drei Mal zwölf Faktoren möglich sind.

Auf der nächsten Seite sehen Sie die Abbildung eines Geburts-Horoskops und eine Legende, die Ihnen zeigt, was die einzelnen Bereiche bedeuten.

Ich halte übrigens nicht hinter dem Berg, dass es sich um mein Horoskop handelt. Es gibt Menschen, die ihre Geburtsdaten nicht gerne bekannt geben, weil sie befürchten, die anderen könnten sehen, wo sie Schwächen haben. Auch die haben gar nichts begriffen, was Astrologie angeht. Sie können nicht herausfinden, ob jemand die Sonnen- oder die Schattenseiten der verschiedenen Energien oder beides lebt, und in welchem Ausmaß er das tut.

Außerdem habe ich absolut kein Problem, über meine Schwächen zu reden. Ich verfüge daneben über genügend Stärken.

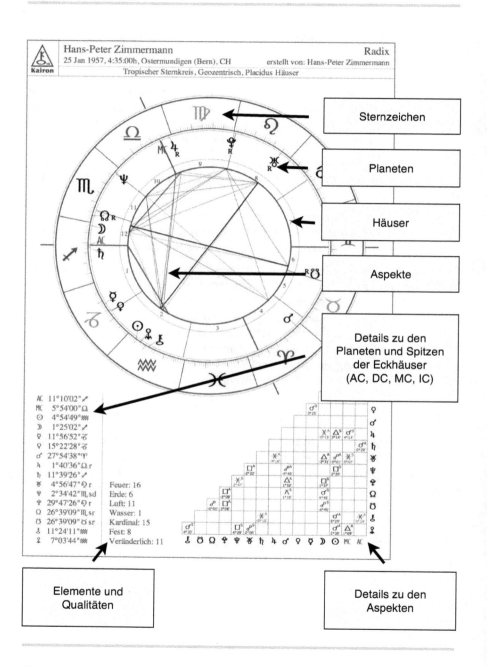

Hans-Peter Zimmermann
25 Jan 1957, 4:35:00h, Ostermundigen (Bern), CH
Tropischer Sternkreis, Geozentrisch, Placidus Häuser

Radix
erstellt von: Hans-Peter Zimmermann

Kairon

Sternzeichen

Planeten

Häuser

Aspekte

Details zu den
Planeten und Spitzen
der Eckhäuser
(AC, DC, MC, IC)

AC 11°10'02" ♐
MC 5°54'00" ♎
☉ 4°54'49" ♒
☽ 1°25'02" ♐
☿ 11°56'52" ♑
♀ 15°22'28" ♑
♂ 27°54'38" ♈
♃ 1°40'36" ♎ r
♄ 11°39'26" ♐
♅ 4°56'47" ♌ r
♆ 2°34'42" ♏ sd
♇ 29°47'26" ♌ r
☊ 26°39'09" ♏ sr
☋ 26°39'09" ♉ sr
⚷ 11°24'11" ♒
⚴ 7°03'44" ♒

Feuer: 16
Erde: 6
Luft: 11
Wasser: 1
Kardinal: 15
Fest: 8
Veränderlich: 11

Elemente und
Qualitäten

Details zu den
Aspekten

34

Na bitte, ist doch gar nicht so kompliziert, oder? Jedenfalls sieht ein Horoskop für Sie jetzt nicht mehr aus wie der Plan der U-Bahn von Tokyo!

Wenn ich Ihnen jetzt noch sage, dass Sie die meisten dieser Striche in der Mitte vernachlässigen können, weil sie in der Regel zu ungenaue und nicht verifizierbare Aussagen liefern, dann wird's noch einfacher. Das werden ein paar eingefleischte Astrologen jetzt gar nicht mögen, aber wissen Sie was? Das ist mir wurscht. Ich will, dass Sie so rasch wie möglich die Astrologie als wertvolles Coaching-Instrument benutzen können, und dazu brauchen wir keine Halbsextile, Sesquiquadrate und Quinkunxe und wie sie alle heißen. Selbstverständlich werde ich Ihnen verraten, was das alles bedeutet, aber benötigen tun Sie es in der Regel nicht.

Mit diesem Schema helfe ich meinen Astrologie-Studenten, Ordnung in den Brei zu bringen:

Name des Horoskop-Eigners:	

	Energie		im Zeichen	im Haus	Stellium	Domizil	Konjunktion mit Lichtern
1	Widder	♈					♂
2	Stier	♉					♀
3	Zwillinge	♊					☿
4	Krebs	♋					☽
5	Löwe	♌					☉
6	Jungfrau	♍					⚷
7	Waage	♎					⚴
8	Skorpion	♏					♇
9	Schütze	♐					♃
10	Steinbock	♑					♄
11	Wassermann	♒					♅
12	Fische	♓					♆

AC im Zeichen:	
Macht ein Planet eine Konjunktion mit dem AC?	entspricht dem Zeichen:

MC im Zeichen:	
MC-Herrscher im Zeichen:	
MC-Herrscher im Haus:	entspricht dem Zeichen:
Macht ein Planet eine Konjunktion mit dem MC?	entspricht dem Zeichen:

Übrigens... zahlreiche nützliche Hilfsmittel für Ihre astrologische Arbeit erwarten Sie auf meiner Plattform *astro101.ch*. Schicken Sie eine E-Mail an *hpz@hpz.ch*, und ich werde Ihnen sagen, wie Sie dort Mitglied werden können.

Diese „Triage" sorgt dafür, dass Sie innerhalb von zehn Minuten die wichtigsten Informationen aus einer Horoskop-Grafik herausziehen. Das wird für Sie ein Kinderspiel sein, sobald Sie das astrologische Einmaleins auswendig können, das ich Ihnen im nächsten Kapitel vorstelle. Ja, ich weiß, niemand lernt gerne auswendig. Aber das hier lohnt sich, und es ist wirklich nicht zu viel verlangt, oder? Am besten machen Sie sich davon eine Fotokopie, damit Sie es immer zur Hand haben. Es wird nicht lange dauern, da werden diese Informationen Ihnen in Fleisch und Blut übergehen, und jedesmal, wenn Sie zum Beispiel das Stichwort „Wassermann" hören, werden Sie den Uranus und das elfte Haus vor sich sehen und wissen, dass es sich beim Wassermann um ein festes Luftzeichen handelt.

Noch ein paar Bemerkungen zum Formular auf Seite 36:

Mit „Lichter" sind Sonne und Mond gemeint. Eine „Konjunktion mit einem Licht" bedeutet also, dass ein Planet nicht mehr als 10 Grad von der Sonne oder vom Mond entfernt ist.

Im „Domizil" ist ein Planet dann, wenn er in dem Zeichen ist, über das er herrscht, also beispielsweise Mars im Widder, Venus im Stier, Merkur in den Zwillingen, und so weiter.

Das astrologische Einmaleins

In der Tabelle auf der nächsten Seite sehen Sie, welche Elemente und Qualitäten zu den jeweiligen Zeichen gehören, welcher Planet über das Zeichen herrscht, und welches Haus diesem Zeichen entspricht. Damit können Sie das Formular im vorderen Kapitel mühelos ausfüllen.

Falls Sie ein erfahrener Astrologe sind, wundern Sie sich vielleicht darüber, dass ich den Pholus als Waage-Herrscher und den Chiron als Jungfrau-Herrscher verwende.

Ja, daran werden Sie sich gewöhnen müssen. Ich habe nie eingesehen, warum nicht jedes Zeichen seinen eigenen Herrscher haben soll; das widerspricht jeglicher Logik. Bis zur Erfindung des Teleskops mussten die Astrologen ja auch ohne Uranus, Neptun und Pluto auskommen, und es gibt heute noch sture Astrologen, die das chaldäische System des König Nebukadnezar II. zelebrieren und nicht begreifen wollen, dass wir in einen neuen Zeit leben, in der auch die Astrologie sich weiterentwickeln darf. Mir haben jedenfalls Chiron und Pholus als moderne Herrscher von Jungfrau und Waage bis jetzt gute Dienste geleistet.

Wenn Sie Astrologie-Anfänger sind, dann muss Sie das Ganze nicht kümmern, es sei denn, Sie kommen irgendwann in ferner Zukunft mit einem eingefleischten Astrologen in Kontakt, der Sie komisch anschaut, wenn Sie Pholus und Chiron erwähnen. Sagen Sie ihm einfach, der HPZ macht das eben so; seine Sonne ist im Wassermann. Das wird auch der chaldäische Astrologe verstehen.

Stopp! Jetzt gebe ich Ihnen eine Hausaufgabe. Wenn Sie nicht imstande sind, die zu lösen, dann sollten Sie die ersten 37 Seiten dieses Buches nochmals lesen.

Aufgabe:

- Erstellen Sie je eine Fotokopie des Formulars auf Seite 36 und des astrologischen Einmaleins auf Seite 40.
- Bereiten Sie die Deutung meines Geburtshoroskops vor, indem Sie die fünf Seiten ausfüllen. Meine Radix finden Sie auf der übernächsten Seite.

Das kleine Einmaleins der Astrologie

Symbol	♈	♉	♊	♋	♌	♍
Sternzeichen	Widder	Stier	Zwillinge	Krebs	Löwe	Jungfrau
Element	Feuer	Erde	Luft	Wasser	Feuer	Erde
Qualität	kardinal	fest	veränderlich	kardinal	fest	veränderlich
entspricht dem Haus	1	2	3	4	5	6
moderner Herrscher	♂ Mars	♀ Venus	☿ Merkur	☽ Mond	☉ Sonne	⚷ Chiron
klassischer Herrscher						☿ Merkur

Symbol	♎	♏	♐	♑	♒	♓
Sternzeichen	Waage	Skorpion	Schütze	Steinbock	Wassermann	Fische
Element	Luft	Wasser	Feuer	Erde	Luft	Wasser
Qualität	kardinal	fest	veränderlich	kardinal	fest	veränderlich
entspricht dem Haus	7	8	9	10	11	12
moderner Herrscher	⚴ Pholus	♇ Pluto	♃ Jupiter	♄ Saturn	♅ ♇ Uranus	♆ Neptun
klassischer Herrscher	♀ Venus	♂ Mars		♄ Saturn	♄ Saturn	♃ Jupiter

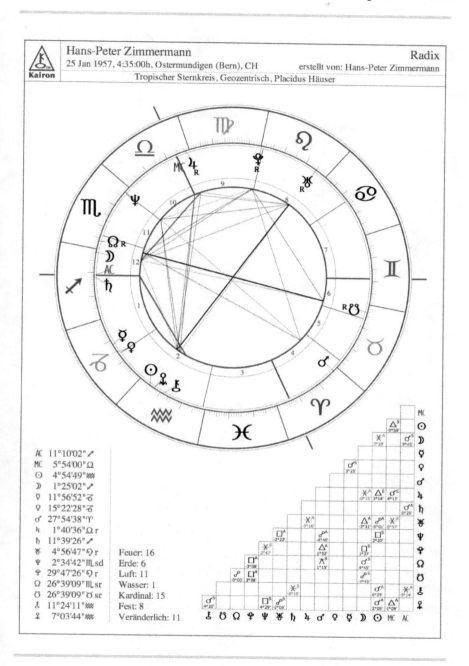

Und? Sind Sie auf dasselbe Resultat gekommen wie ich? Vergleichen Sie bitte Ihre Resultate mit meinen:

Name des Horoskop-Eigners:	Hans-Peter Zimmermann

	Energie		im Zeichen	im Haus	Stellium	Domizil	Konjunktion mit Lichtern	
1	Widder	♈	Mars		X	X	♂	
2	Stier	♉		Sonne	X		♀	
3	Zwillinge	♊					☿	
4	Krebs	♋					☽	
5	Löwe	♌					☉	
6	Jungfrau	♍					☋	X
7	Waage	♎					♀	X
8	Skorpion	♏					♀	
9	Schütze	♐	Mond				♃	
10	Steinbock	♑	Merkur Venus				♄	
11	Wassermann	♒	Sonne				♅	
12	Fische	♓		Mond			♆	

AC im Zeichen:	Schütze	
Macht ein Planet eine Konjunktion mit dem AC?	Saturn	entspricht dem Zeichen: Steinbock

MC im Zeichen:	Waage	
MC-Herrscher im Zeichen:	Wassermann	
MC-Herrscher im Haus:	2	entspricht dem Zeichen: Stier
Macht ein Planet eine Konjunktion mit dem MC?	Jupiter	entspricht dem Zeichen: Schütze

Was ein Stellium ist, muss ich Ihnen noch erklären. Ganz einfach: Eine Anhäufung von drei oder mehr Planeten in einem Zeichen oder Haus. Ach ja, und bitte ignorieren Sie vorläufig die beiden Dinger, die aussehen wie Hufeisen. Das sind die Mondknoten, und wir kommen später dazu.

Noch eine Bemerkung zu den Häusern: Hellenistische Astrologen wehren sich vehement dagegen, die Häuser jeweils einem Sternzeichen gleichzusetzen. Es ist auch tatsächlich – das gebe ich zu – eine grobe Vereinfachung. Allerdings eine, die in der modernen Astrologie vielerorts akzeptiert wird. Steven Forrest, ein bekannter amerikanischer Astrologe, den ich persönlich kenne, sagt: „Wir *sind* unsere Zeichen, und wir *tun* unsere Häuser." Er meint damit, dass die Zeichen eher mit Eigenschaften und die Häuser eher mit Tätigkeiten zu tun haben. Aber auch das ist eine grobe Vereinfachung.

So sehe ich es: Meine Stier-Energie kommt vom zweiten Haus und nicht vom Stier selbst. Das bedeutet für mich, dass ich eine kreative Ader besitze und nichts gegen Wohlstand einzuwenden habe. Mit den Schattenseiten der Stier-Energie jedoch, also mit Schwerfälligkeit oder Geiz, habe ich absolut nichts am Hut. Diese und Hunderte anderer Deutungen haben mich zu dem Fazit geführt, dass man, wenn die Energie vom Haus kommt, eher nicht mit den Schattenseiten dieser Energien zu kämpfen hat.

So, jetzt wissen Sie also bereits, wie viele Portionen ich von welcher Energie in die Wiege gelegt bekommen habe. Jetzt müssen Sie nur noch lernen, was diese Energien bedeuten, und in welchen Bereichen meines Lebens welche Energien aktiv sind.

Aber zuerst wollen wir uns nochmals mit ein bisschen Basiswissen versorgen. Okay?

Ernsthafte Lerner fassen hier
das Kapitel zusammen:

Das astrologische Jahr

Fangen wir mit etwas Einfachem an, der Reihenfolge der Sternzeichen. Das astrologische Jahr beginnt mit der Frühlings-Tagundnachtgleiche. Um den 21. März herum geht die Sonne ins erste Zeichen des Tierkreises, den Widder. Dann wechselt sie jeweils zwischen dem 21. und 23. des Monats das Zeichen, bis sie beim letzten Zeichen des Tierkreises, den Fischen, angekommen ist und ihre Reise von vorne beginnt. Die genauen Wechsel sind von Jahr zu Jahr und auch von Ort zu Ort verschieden. Wenn jemand also um den 21. eines Monats herum geboren ist, benötigen Sie eine Astrologie-Software oder mindestens eine Ephemeriden-Tabelle, um die genauen Informationen zu bekommen. Für den Fall, dass Sie sich keine eigene Software kaufen wollen, gibt es Astrologie-Portale, bei denen Sie die Informationen gratis bekommen, sofern Sie sich dort einen Zugang anlegen.

Mein Tipp: Lernen Sie heute Abend beim Einschlafen die Reihenfolge auswendig. Das gibt nicht viel zu tun, und es wird Ihnen sehr nützlich sein, wenn Sie morgen hier weiterlesen.

Symbol	Sternzeichen	Die Sonne ist in diesem Zeichen ca.
♈	Widder	21. März bis 21. April
♉	Stier	21. April bis 21. Mai
♊	Zwillinge	21. Mai bis 21. Juni
♋	Krebs	21. Juni bis 21. Juli
♌	Löwe	21. Juli bis 21. August
♍	Jungfrau	21. August bis 21. September
♎	Waage	21. September bis 21. Oktober
♏	Skorpion	21. Oktober bis 21. November
♐	Schütze	21. November bis 21. Dezember
♑	Steinbock	21. Dezember bis 21. Januar
♒	Wassermann	21. Januar bis 21. Februar
♓	Fische	21. Februar bis 21. März

Mir hat es darüber hinaus geholfen, sich einfach zu jedem Sternzeichen einen Monat zu merken. Natürlich immer im Bewusstsein, dass der Wechsel um den Einundzwanzigsten herum stattfindet.

Sternzeichen	Monat
Widder	April
Stier	Mai
Zwillinge	Juni
Krebs	Juli
Löwe	August
Jungfrau	September
Waage	Oktober
Skorpion	November
Schütze	Dezember
Steinbock	Januar
Wassermann	Februar
Fische	März

*Ernsthafte Lerner fassen hier
das Kapitel zusammen:*

Die Eigenschaften der Zeichen

Etwas kann ich nicht oft genug wiederholen: Wenn wir hier von den Eigenschaften der Sternzeichen sprechen, kommen Sie bitte nicht auf die Idee zu sagen: „Dann bin ich kein typischer Widder!" Oder „Das stimmt bei mir nur bedingt!"

Niemand ist ein typischer Irgendwas. Der Charakter eines Menschen besteht aus vielen Einzel-Facetten. Und wenn jemand sagt, er sei kein typischer Widder, dann hat er vielleicht „nur" die Sonne im Widder, und daneben gibt es viele Gegen-Energien, welche die Widder-Energie in den Hintergrund treten lassen.

Beispiel: Einer Ihrer Klienten hat die Sonne im Widder im siebten Haus; der Mond ist im Zeichen Waage und der Aszendent in den Fischen. Da wird die an sich unternehmerische Widder-Energie, die sich sonst gut abgrenzen kann und über einen gesunden Egoismus verfügt, von der rücksichtsvollen und harmoniebedürftigen Waage-Energie (die auch im siebten Haus vorhanden ist) und vom Helfersyndrom des Zeichens Fische buchstäblich erdrückt.

Haben Sie das verstanden? Das ist ganz wichtig! Und es wird Sie in kürzester Zeit von den 0815-Fernseh-Astrologen unterscheiden.

Beim Lernen der Eigenschaften kann es eine kleine Hilfe sein, wenn man weiß, zu welchem Element und welcher Qualität das Zeichen gehört. Jetzt, wo Sie die Reihenfolge der Zeichen auswendig können, ist es ganz leicht, das zu lernen:

Die Elemente wechseln sich immer ab, und zwar in dieser Reihenfolge: Feuer, Erde, Luft, Wasser.

Die Qualitäten wechseln sich in dieser Reihenfolge ab:
Kardinal, fest, veränderlich. Auch kardinal, fix und beweglich genannt.

Und schließlich noch eine weitere wichtige Vorbemerkung: Jede Energie hat Sonnen- und Schattenseiten. Welche Seite Ihr Klient mehr auslebt, ist meiner Meinung nach von seinem freien Willen und seiner Bereitschaft zur Persönlichkeits-Entwicklung abhängig, und das finden Sie nur im persönlichen Gespräch heraus.

Entwickeln Sie ein Gefühl für Widder-Energie...

Widder ist ein kardinales Feuer-Zeichen. Sie wissen ja schon, dass man, etwas vereinfacht gesagt, kardinal mit Feuer gleichsetzen kann. Das bedeutet, der Widder ist das feurigste der Feuer-Zeichen.

Der Widder hat Unternehmer-Energie. Er ist ein Pionier. Er schreitet mutig voran, kann sich gut abgrenzen und verfügt über eine gute Portion gesunden Egoismus. „Packen wir's an!" ist das Motto des Widders.

Widder-Energie liebt den Wettkampf. Bei Menschen mit viel Feuer wird es wahrscheinlich ein sportlicher Wettkampf sein, bei Menschen mit viel Erde ein Wettrennen um die Frage, wer der Reichste ist, und bei Menschen mit viel Luft kommt es zum intellektuellen Wettrennen.

Auf der Schattenseite kann Widder-Energie zu Ego-Kriegen und Konkurrenzkämpfen führen, und der Widder kann schießen, bevor er gezielt hat.

Der Herrscher des Widders ist der Mars.

Das Haus, das dem Widder entspricht, ist das erste Haus. Die Spitze des ersten Hauses nennt sich Aszendent. Er und sein Herrscher geben uns Auskunft über die Art des Auftretens nach außen, den ersten Eindruck, sozusagen die Persona oder Maske, die ein Mensch nach außen hin trägt.

Entwickeln Sie ein Gefühl für Stier-Energie...

Stier ist ein festes Erd-Zeichen, also das erdigste der Erd-Zeichen. Der Stier ist allen materiellen Genüssen zugetan. Oft essen und trinken stierbetonte Menschen gern.

Viele Astrologen behaupten, der Stier sei relativ leicht zu fassen, weil er das Triebhafteste aller Zeichen sei. Ich bin da anderer Meinung, und zwar deshalb, weil es so viele verschiedene Möglichkeiten gibt, Stier-Energie auszuleben. Entweder zieht es Stier-Menschen in die Gastronomie, oder sie widmen sich bodenständigen Berufen wie der Holzwirtschaft, dem Gartenbau oder dem Natursteinhandel. Da aber die Venus die Herrscherin des Stiers ist, kann ein stierbetonter Mensch auch in der Kunst anzutreffen sein. Und schließlich darf man nicht vergessen, dass das zweite Haus, das dem Stier entspricht, traditionell als das Haus des Geldes angesehen wird, weshalb man auch viele Banker und Finanzberater mit Stier-Energie antrifft.

Eine Bekannte sagte kürzlich zu mir, ihr Bruder sei früher Forst-Ingenieur gewesen, und jetzt sei er Musiker. „Dann hat er auf jeden Fall eine gehörige Portion Stier-Energie!" gab ich zur Antwort. „Ja, seine Sonne ist im Stier!" meinte sie. Wohlverstanden, das müsste nicht unbedingt die Sonne sein, die da die Stier-Qualitäten verleiht. Es könnte auch der Mond oder der Aszendent oder ganz einfach ein Stellium sein, also eine Planetenhäufung im Zeichen Stier.

Einer unserer Nachbarn in Kalifornien erzählte mir über seine Operation an der Halswirbelsäule: „Die haben von vorne operiert und kamen fast nicht dazu, weil ich so einen hartnäckigen Nacken habe." Zusätzlich zur Tatsache, dass mein Nachbar ein Genussmensch und entsprechend füllig ist, drückte ich ihm auch das Stier-Etikett aufs Auge. Daraufhin verriet er mir seinen Geburtstag: Es ist der 15. Mai.

Entwickeln Sie ein Gefühl für Zwillinge-Energie...

Zwillinge sind ein veränderliches Luft-Zeichen, also quasi das luftigste der Luft-Zeichen. Luft steht, wie Sie wissen, für Intellekt und Wissbegierde. Der Herrscher des Zeichens Zwillinge ist der Merkur, der Planet des Handels, der Kommunikation und des Verstandes.

Dies alles macht den Zwilling zu einem neugierigen und kommunikativen Menschen, der auch kein Problem hat mit oberflächlichem Party-Talk. Allerdings sollte man einem zwillingsbetonten Menschen kein Geheimnis erzählen. Bevor er darüber nachgedacht hat, hat er es schon ausgeplaudert, nicht aus böser Absicht, sondern weil für ihn alles so wahnsinnig interessant ist, und weil er sich im Austausch mit seinen Mitmenschen am besten entwickeln kann.

Etwas kann man mit Bestimmtheit sagen: Um einen Zwilling herum wird es nie langweilig. Die Schattenseite: Der Zwilling neigt zu Unruhe, lässt sich leicht ablenken, verzettelt sich leicht und hat oftmals Entscheidungsschwierigkeiten.

Verzeihen Sie, wenn ich mich wiederhole, denn ich weiß, wie schwierig es ist, sich von der Stammtisch-Astrologie zu verabschieden, wenn man sein halbes Leben lang nichts anderes gehört hat.

Ich möchte Sie darauf hinweisen, dass Sie, wenn Ihre Geburtssonne im Zeichen Zwillinge ist, erst mal nur *eine* Portion Zwillinge-Energie in sich tragen. Wenn Sie zum Beispiel den Mond oder den Aszendenten im Zeichen Skorpion haben oder eine Planetenhäufung im achten Haus, das dem Skorpion entspricht, dann wird das mit dem Party-Smalltalk vermutlich nicht stimmen, denn die Skorpion-Energie in Ihnen verlangt nach Tiefgründigkeit und hasst Oberflächlichkeit wie die Pest.

Und wenn Sie beispielsweise den Aszendenten und den Mond im Steinbock haben, dann wird die Unruhe der Zwillinge-Energie durch eine gute Portion Disziplin und Klarheit aufgewogen.

Also, jetzt müsste es ein- für allemal klar sein: Wir sprechen hier nicht über „*den* Zwilling", sondern über Zwillinge-*Energie*. Wie groß der Anteil an Zwillinge-Energie bei Ihren Klienten ist, das herauszufinden zu lernen ist unter anderem Zweck dieses Buches.

Entwickeln Sie ein Gefühl für Krebs-Energie...

Das vierte Zeichen im Tierkreis ist der Krebs. Krebs ist ein kardinales Wasser-Zeichen. Krebs, das vierte Haus und der

Mond als Herrscher dieses Zeichens stehen für das Zuhause, die Wurzeln, die mütterliche Fürsorge und die Geborgenheit.

Krebs-Energie sorgt dafür, dass man gerne zu Hause in den eigenen vier Wänden ist. Ist der Mond im Krebs, also in seinem Domizil, wie man das nennt, dann kann man getrost sagen, es handelt sich um einen „Couch Potato". Das ist nicht etwa Faulheit, sondern ganz wichtig für so einen Menschen. Er kann eben auf der Couch in seinen eigenen vier Wänden bei einer heißen Schokolade oder einem Glas Glühwein am besten auftanken.

Krebs-Mütter sind in der Regel richtige Glucken, die ihre Kinder beschützen, manchmal vielleicht sogar den Hang zum Überbehüten haben. Auf der Schattenseite besteht der Hang zum Kontroll-Freak oder gar Familien-Tyrannen. Krebsbetonte Menschen erleben oft Stimmungsschwankungen. „Himmelhoch jauchzend, zu Tode betrübt" ist dem Krebsmenschen in der Regel vertraut.

Die beiden Wasser-Zeichen Krebs und Skorpion unterscheiden sich allerdings in einem wichtigen Punkt vom dritten Wasser-Zeichen, den Fischen. Krebs und Skorpion besitzen von der Symbolik her sowohl einen Panzer wie auch eine Waffe. Somit wirken sie deutlich robuster als der Fische-Mensch. Man darf aber nie vergessen, dass unter der harten Schale ein weicher und sehr verletzlicher Kern liegt. Mehr dazu erfahren Sie, wenn wir uns mit dem verletzlichsten Zeichen beschäftigen.

Was das Berufliche angeht, sorgt Krebs-Energie oft für ein Flair für Pflege- und Heilberufe, aber auch für Tätigkeiten, die mit dem Zuhause anderer Menschen zu tun haben, also Immobilienhändler oder Inneneinrichter.

Die Spitze des vierten Hauses nennt sich Immum Coeli oder IC. Auf Deutsch bedeutet das „Himmelstiefe". Der IC ist für mich zur Zeit noch am schwierigsten zu verstehen. Einige Astrologen sagen, es handle sich dabei um einen „tiefenpsychologischen" Punkt, der zeige, wie der Horoskop-Eigner in seinem tiefsten Inneren sei. Das führt meiner Meinung nach zu Barnum-Aussagen. Ich jedenfalls kann nichts damit anfangen, dass mein IC im Widder ist. Natürlich spüre ich die unternehmerische und pionierhafte Ader in mir. Aber die ist generell schon durch das viele Feuer und durch den Mars im Widder, also in seinem Domizil, gegeben.

Es gibt übrigens etliche Krebs-Menschen, die das mit dem Vater- oder Muttersein auf eine globale Ebene heben und sich als Landesvater oder Landesmutter etablieren. Angela Merkel hat zum Beispiel die Sonne im Krebs und wurde von der Bevölkerung sogar „Mutti" genannt. Und wenn man die Radices der amerikanischen Präsidenten bis zurück zu John F. Kennedy untersucht, stellt man fest, dass jeder Präsident, der zwei Amtszeiten erleben durfte, die Sonne entweder im Krebs oder im Löwen hatte. Und damit sind wir beim nächsten Zeichen.

Entwickeln Sie ein Gefühl für Löwe-Energie...

Löwe ist ein festes Feuer-Zeichen. Also ein Feuer-Zeichen mit einer Portion Erde.

Herrscherin dieses Zeichens ist die Sonne, die als Zentrum des Universums gilt. Der Löwe ist der König der Tiere. Und jetzt wissen Sie schon, wie sich Löwe-Energie anfühlen muss. „Ich habe den besten Platz verdient", das ist die Haltung eines gesunden Löwe-Menschen. Er tritt selbstsicher, gutmütig und großzügig auf und verfügt über gute Führungseigenschaften. Er kümmert sich nicht so sehr um die Details, sondern gibt die grobe Linie vor, wie es sich gehört für einen richtigen Chef. Löwe-Menschen stehen gern im Rampenlicht.

Das fünfte Haus, das dem Löwen entspricht, ist traditionell das Haus des Spiels, der Freizeitaktivitäten und der Kreativität. Und da das Kreativste, was man erschaffen kann, neues Leben ist, passt zur Löwe-Energie auch ein guter Draht zu Kindern.

Zum fünften Haus gehören auch Liebesaffären. Das bedeutet jetzt nicht, dass jeder, der einen Planeten im fünften Haus hat, einen Hang zum Fremdgehen hat. Aber beispielsweise eine Mars-Venus-Konjunktion (eine Konstellation, die Bill Clinton mit Casanova gemeinsam hat) im fünften Haus kann ein Hinweis darauf sein, dass dieser Mensch nichts anbrennen lässt.

Auf der Schattenseite kann es bei viel Löwe-Energie dazu kommen, dass man sich gern wie ein Pascha bedienen lässt oder dass man zu Glücksspiel, Prahlerei und Wichtigtuerei neigt.

Entwickeln Sie ein Gefühl für Jungfrau-Energie...

Jungfrau ist ein veränderliches Erd-Zeichen, also ein Erd-Zeichen mit einer Portion Luft.

Was an der Jungfrau am ehesten auffällt, ist ihr analytischer Verstand. Sie kümmert sich gerne um Details, und wenn Sie eine Angestellte brauchen für die Fehlersuche in der Buchhaltung oder in einem Computer-Programm, stellen Sie jemanden ein mit einer gehörigen Portion Jungfrau-Energie.

Die Jungfrau hat es in der Regel gerne sauber und ordentlich, weshalb sie sich auch wunderbar eignet als Reinigungskraft oder Gouvernante. Zumindest in einem Teilbereich ihres Lebens herrscht Ordnung, und am meisten leidet die Jungfrau darunter, dass sie nicht perfekt ist. Wenn sie dieses Problem auf andere projiziert, kommt es zu Nörgelei. Das ist von der jungfraubetonten Person niemals böse gemeint; was soll sie denn tun? Sie sieht halt jedes Detail und spricht das auch aus.

Die Jungfrau steht nicht so gern im Rampenlicht, ja, sie stellt ihr Licht sogar oftmals unter den Scheffel und findet, andere könnten dies und jenes viel besser als sie. Wenn Sie jemanden suchen, der in Ihrem Konzert gerne die zweite Geige spielt, suchen Sie nach einem Menschen mit viel Jungfrau-Energie.

Das sechste Haus, das der Jungfrau entspricht, ist das Haus des alltäglichen Broterwerbs, der Gesundheit und in der Stunden-Astrologie auch der Bediensteten. Das sorgt dafür, dass die Jungfrau gerne nützlich ist und ein praktisch denkender Mensch ist, der gut mit Geld haushalten kann.

Der klassische Herrscher des Zeichens Jungfrau ist der Merkur, der bekanntermaßen auch über die Zwillinge herrscht. Seit man den Chiron entdeckt hat, sehen flexible Astrologen darin den modernen Herrscher der Jungfrau. Ich persönlich fahre gut damit, wenn ich beide Gestirne berücksichtige.

Entwickeln Sie ein Gefühl für Waage-Energie...

Waage ist ein kardinales Luft-Zeichen, also ein Luft-Zeichen mit einer Portion Feuer.

Die Stichworte für das Zeichen Waage sind: Partnerschaft, Harmonie, Diplomatie und Ästhetik. Kurz gesagt: Niemand mag Konflikte; aber die Waage meidet sie wie der Teufel das Weihwasser. Das kann große Vorteile haben, zum Beispiel für den Beruf eines Richters, Mediators oder Diplomaten. Es kann aber auch in Harmoniesucht ausarten und im Bestreben, jedem alles recht machen zu wollen. Zu viel Rücksicht auf das Du bedeutet Selbstaufgabe, und das ist die Falle, in die die Waage tappen kann, wenn sie nicht aufpasst.

Die klassische Herrscherin der Waage ist die Venus. Die herrscht, wie Sie wissen, auch über das Zeichen Stier, weshalb man, sofern man sich von der Venus hat küssen lassen, auch als waagebetonter Mensch in der Kunst anzutreffen ist. Allerdings empfindet der Waage-Künstler eher ein intellektuelles Vergnügen beim Kreativsein. Die Freude an schönen Dingen bewirkt, dass Menschen mit Waage-Energie, besonders Frauen, oft auch in der Mode- und Kosmetikbranche anzutreffen sind.

Seit man den Asteroiden Pholus entdeckt hat, beginnt dieser in wenigen astrologischen Schulen als moderner Herrscher der Waage zu gelten. Für mich macht das total Sinn. Eine Konjunktion Pholus-MC beispielsweise habe ich bisher so gedeutet, dass der Lebenspartner im Geschäft mitarbeitet oder dass zumindest oft über gemeinsame Projekte diskutiert wird, und es war jedes Mal korrekt.

Das Haus, das der Waage entspricht, ist das siebte Haus. Wenn also jemand ein mit wichtigen Planeten besetztes siebtes Haus hat, kann man davon ausgehen, dass diese Menschen dann glücklich sind, wenn ihr Partner glücklich ist.

Ich will Ihnen dazu ein schönes Beispiel aus meinem eigenen Leben erzählen: In früheren Jahren wollte ich meine Frau dazu ermuntern, in meinem Geschäft mitzuarbeiten. Ich träumte davon, dass sie einzelne Teile der Seminare übernehmen würde. Sie fragte mich, warum ich das möchte. „Na ja, damit Du der Menschheit auch etwas geben kannst!" meinte ich. Sie antwortete lakonisch: „Ich tue doch genug für die Menschheit, indem ich Dir den Rücken freihalte und den Innendienst erledige, oder nicht? Sorge dafür, dass du glücklich bist, dann bin ich es auch."

Meine Frau hat fünf Planeten im siebten Haus, unter anderem auch die Sonne. Und das „Nützlichsein im Hintergrund" passt hervorragend zu ihrer Jungfrau-Energie. Zum Glück hat sie den Aszendenten im Wassermann und einen gut aspektierten Uranus, sonst würde sie es neben so einem Freak wie mir kaum aushalten.

Zu den Schattenseiten der Waage zählen Unentschlossenheit und eine Harmoniesucht, die bis zur Selbstaufgabe führen kann.

Die Spitze des siebten Hauses nennt sich Deszendent. Er und sein Herrscher geben uns Auskunft über das „Du". Das bedeutet in der Regel, dass ein idealer Partner eine gute Portion von den Eigenschaften des Deszendenten und dessen Herrscher haben sollte, wenn es langfristig gut gehen soll. Das ist aber nur eine oberflächliche Beurteilung der Partnerschaft. Wenn man herausfinden will, in welchen Bereichen ein Paar harmoniert und wo es Reibungsflächen gibt, muss man ein Synastrie-Horoskop erstellen. Wie das geht, werde ich Ihnen später erklären.

Ich arbeite seit einiger Zeit nicht mehr mit dem Deszendenten. Zu oft ist es passiert, dass die darauf basierenden Aussagen schwammig oder schlicht unzutreffend waren. Was will mir zum Beispiel mein Zwillinge-Deszendent sagen? Dass ich Menschen anziehe, die wissbegierig sind und gerne kommunizieren? Wenn das mal keine Barnum-Aussage ist...

Entwickeln Sie ein Gefühl für Skorpion-Energie...

Das achte Zeichen im Tierkreis ist der Skorpion. Skorpion ist ein festes Wasser-Zeichen, also ein Wasser-Zeichen mit einer Portion Erde.

Der Skorpion will vor allem eines: Geheimnisse aufdecken. Er will den Dingen richtig auf den Grund gehen, hasst Oberflächlichkeit wie die Pest. Der Skorpion möchte tiefgründige Gespräche führen. Er kehrt nichts unter den Teppich, sondern hält den Finger in die Wunde, wenn es eine gibt. Er konfrontiert sich und seine Mitmenschen mit dem psychologischen Schatten, weshalb er sich auch für okkulte Tätigkeiten wie Tarot und Astrologie interessiert. Tabus brechen und Verborgenes ans Tageslicht bringen, das ist die Domäne des Skorpions. „Stirb und Werde", Tod und Geburt. „Dass ich erkenne, was die Welt im Innersten zu- sammenhält."

Der Skorpion ist radikal, mag keine halben Sachen, was ihm oft den Ruf eines Schwarzweiß-Denkers einträgt. „Alles oder Nichts" ist sein Motto. Auch tief empfundene, leidenschaftliche Sexualität wird mit Skorpion-Energie in Verbindung gebracht.

Die Schattenseiten der skorpionischen Tendenz, sich von seiner Leidenschaft lenken zu lassen, finden sich in sexuellen Abarten, Eifersuchtsdramen und Missbrauch wieder.

Typische Skorpion-Berufe sind: Detektiv, Hebamme, Chirurg, Forensiker, Tiefenpsychologe, Taucher, Tantra-Lehrer, Sexualtherapeut und alles, was mit okkulten Wissenschaften zu tun hat.

Der klassische Herrscher des Skorpions ist der Mars, den er sich mit dem Widder teilt. Seit man Pluto kennt, sind sich moderne Astrologen einig: Einen besseren Herrscher für den Skorpion gibt es nicht. Pluto ist der Planet der Transformation. Etwas muss zusammenbrechen, damit etwas Neues, Besseres entstehen kann. In der Mundan-Astrologie, also dem Teilgebiet der Astrologie, das sich mit der Zeitqualität für die Welt beschäftigt, ist seit einiger Zeit schon ganz viel Pluto-Energie zu spüren.

Das Haus, das dem Skorpion entspricht, ist das achte Haus. 0815-Astrologen sagen, es sei das Haus des Todes und des fremden Geldes. Wenn also gerade ein wichtiger Transit durch Ihr achtes Haus geht, haben Sie die Wahl zu sterben, eine Erbschaft anzutreten oder im Lotto zu gewinnen. Das ist natürlich ein Riesen-Blödsinn. Das achte Haus ist das Haus der radikalen Transformation, des Tabubruchs, des psychologischen Schattens und der intimen Partnerschaft.

Die Unglücks-Vorhersager dieser Welt stürzen sich auf die Tatsache, dass das achte Haus in Diana Spencers Horoskop eine wichtige Rolle gespielt habe. Ja, das hat es. Aber es hatte nicht zwingend mit ihrem frühen Tod zu tun. Wenn ich sie damals gecoacht hätte, hätte ich ihr gesagt, sie solle sich überlegen, ob sie sich auf diese neue Partnerschaft nicht wieder aus falschen Motiven einlässt wie schon damals bei Prinz Charles. Niemand hat damals an ihr kritisiert, wie seltsam das ist, wenn man behauptet, man möchte von den Paparazzi in Ruhe gelassen werden, aber sich dann im Pariser Ritz zum Dinner hinsetzt. Es gibt weiß Gott diskretere Rückzugsmöglichkeiten auf dieser Welt. Mit anderen Worten: Lady Di hätte die Chance gehabt auf tiefgreifende Transformation und eine echte intime Partnerschaft. Nur dann, wenn diese Skorpion-Energie nicht richtig angegangen wird, kommt es zur ultimativen Transformation, die wir Tod nennen.

Die Schattenseiten des Skorpions: Eifersuchtsdramen und zu starkes Schwarz-Weiß-Denken. Aufgrund der Tatsache, dass es sich beim Skorpion um ein festes Zeichen handelt, sind viele Skorpion-Menschen für ihre Sturheit bekannt. Aber auch das muss nichts Schlechtes sein; manchmal ist es gut, wenn man seinen Kopf durchsetzt.

Ich glaube, das Zeichen Skorpion hat in diesem Buch den längsten Abschnitt bekommen, und das ist gut so. Zum einen wird in der Angstmacher-Astrologie der Skorpion oft verteufelt. Das seien schwierige Menschen, heißt es, und weil der Pluto so radikal ist und uns mit unserem Schatten konfrontiert, will man mit ihm möglichst wenig zu tun haben. Zum anderen habe ich mich persönlich in jungen Jahren mit Skorpion-Energie schwergetan und erst im Alter entdeckt, wie wichtig diese Energie ist für unsere Welt.

Entwickeln Sie ein Gefühl für Schütze-Energie...

Schütze ist ein veränderliches Feuer-Zeichen, also ein Feuer-Zeichen mit einer Portion Luft.

Der Schütze-Herrscher ist der Jupiter, der größte Planet in unserem Sonnensystem. Jupiter steht für Expansion und Wachstum, und das gibt uns einige Hinweise darauf, wie sich Schütze-Energie anfühlt.

Der Schütze ist direkt, offen und ehrlich. Er will seinen Horizont erweitern. Im harmlosesten Fall lebt er in einer Wohnung oder einem Haus mit spektakulärer Aussicht. Aber meistens geht es weiter als das. Der Schütze interessiert sich für fremde Kulturen und weite Reisen übers Meer. Für den Schütze-Menschen ist Rassendiskrimierung absolut nicht nachvollziehbar. Er ist der Weltbürger und Zigeuner. Er ist überall zu Hause, wo es Neues zu entdecken gibt. Wenn ausgewandert wird, ist fast immer Schütze-Energie beteiligt.

Menschen mit Schütze-Energie setzen sich hohe Ziele und glauben an immerwährendes Wachstum. Schützen sind auch Sinnsuch-Maschinen; sie müssen allen Ereignissen in ihrem Leben einen Sinn geben können. Das macht sie zu Menschen, die sich für Philosophie und ganzheitliche Religion interessieren. Schütze-Menschen geben auch gerne ihr Wissen weiter und sind in der Regel hervorragende Lehrer.

Das Haus, das dem Schützen entspricht, ist das neunte Haus. es steht unter anderem für weite Reisen, fremde Kulturen, Fremdsprachen, Publikationen und Pädagogik.

Zu den Schattenseiten des Schützen gehört, dass er als Besserwisser, um nicht zu sagen Klugscheißer, auftreten und dazu neigen kann, sich zu überschätzen. Auch (gerade noch legale) Hochstapeleien werden der Schütze-Energie zugeschrieben.

Wenn man dem Schützen sagt, dass etwas nicht geht, sagt er: „Dann schau' mir mal zu; ich zeig' dir, dass es geht."

Entwickeln Sie ein Gefühl für Steinbock-Energie...

Das zehnte Zeichen ist der Steinbock. Steinbock ist ein kardinales Erd-Zeichen, also ein Erd-Zeichen mit einer Portion Feuer.

Der Herrscher des Steinbocks ist der Saturn. Der wird bei Angstmacher-Astrologen gar nicht gern gesehen; er ist als Bremser und Zerstörer verschrien. Das ist, mit Verlaub gesagt, gequirlter Hafenkäse. Saturn-Energie ist genau so wichtig wie alle anderen Energien.

Was der Schütze-Herrscher Jupiter in seinem Glauben an uneingeschränktes Wachstum aufgebläht hat, reduziert der Saturn wieder auf das Nötigste. Saturn steht für Disziplin, Struktur, Ordnung und Treue.

Steinbock-Energie ist nicht sehr emotional, um nicht zu sagen ziemlich trocken und nüchtern. Der Saturn mag Leistung und solide erarbeitete Erfolge. Er ist sozusagen der „Reality Checker". Wenn er auftaucht, sollte man sich fragen: „Brauche ich das alles noch? Oder habe ich mich vielleicht mit Firlefanz geschmückt, der nur noch eine Last ist? Was genau fange ich eigentlich mit meiner Zeit an?"

Ja, Sie haben richtig gehört: Saturn ist auch der Planet des Zeitmanagements. Steinbock-Menschen strahlen die Energie des „weisen Älteren" aus oder gar des Zen-Meisters, der einen liebevoll schlägt, wenn man nicht achtsam genug lebt. Diese Rolle dürfen Steinbock-Menschen oft schon zeitig im Leben üben, indem sie früh Verantwortung übernehmen müssen. Zum Beispiel indem sie das Älteste von vielen Kindern und dadurch gezwungen sind, eine Art Elternrolle einzunehmen.

Das Haus, das dem Steinbock entspricht, ist das zehnte Haus. Seine Spitze nennt man Medium Coeli oder MC. Das heißt auf Deutsch „Himmelsmitte" oder „Zenit". Der MC und sein Herrscher geben uns Auskunft darüber, was der Horoskop-Eigner beruflich beachten muss, um hundert Prozent Erfüllung zu finden und nicht nur sechzig oder siebzig.

Entwickeln Sie ein Gefühl für Wassermann-Energie...

Und schon sind wir beim zweitletzten Zeichen des Tierkreises: Wassermann ist ein festes Luft-Zeichen, also das Bodenständigste der Luft-Zeichen.

Der Wassermann ist bekannt für seinen scharfen Verstand und seine überdurchschnittliche Auffassungsgabe. Er ist ein Freiheits-Fanatiker, weshalb man viele wassermannbetonte Menschen in der Fliegerei antrifft. Aufgrund seines unbändigen Freiheitsdrangs rebelliert er gegen künstliche Autoritäten. Der Wassermann respektiert nur diejenigen Menschen, die ihm etwas beibringen können. Er gilt daher auch als Sippen-Flüchtling. Wenn seine Herkunftsfamilie ihn daran hindern will, seinen Weg zu gehen, bricht er den Kontakt ab. Er hat eher eine Vorliebe für Wahlverwandtschaften als für biologische.

Der Wassermann ist ein Menschenfreund; er ist sehr daran interessiert, wie sich die Menschheit entwickelt. Er schart gerne Menschen um sich, denen er nützlich sein kann und die ihm nützlich sein können. Er gibt viel und wartet darauf, dass auch etwas zurückkommt. Wenn das nach längerem Warten nicht der Fall ist, kann er sehr brüsk reagieren. Ist eine Beziehung beendet, gibt es für den Wassermann kein Zurück, falls nicht andere Energien stärker sind (z.B. Stier oder Krebs).

Der Wassermann blickt in die Zukunft, ist ein Visionär. Er ist ein Individualist, nicht aus Freude, sondern weil er nicht anders kann. Wenn er ausgetretene Pfade geht, bringt ihn das um. Wenn er sich der Tradition beugt, ebenso. Der Wassermann muss lernen, nicht auf den Beifall anderer angewiesen zu sein. „Ich bin ich. Wenn's euch passt, ist es gut. Wenn nicht, ist es interessant." Ein anderer typischer Wassermann-Spruch lautet: „Wer mich nicht mag, der muss halt noch ein wenig an sich arbeiten."

Der traditionelle Herrscher des Wassermanns war der Saturn. Seit wir den Uranus kennen, ist er der ideale moderne Herrscher über dieses aufmüpfige Zeichen. Ist es nicht interessant, dass man den „Revoluzzer" Uranus im 18. Jahrhundert entdeckt hat, also zur Zeit der großen Revolutionen? Wenn Uranus in den Transiten auftaucht, bedeutet das oft plötzliche und unerwartete Ereignisse. Die erlebt der Wassermann auch in Form von blitzartigen intuitiven Eingebungen. Er weiß von einer Sekunde auf die andere, er muss jetzt dies oder jenes tun. Er kann es nicht begründen, und er weiß, ein paar Leute werden ihn für verrückt erklären, aber es ist das Richtige, das weiß er einfach.

Durch den Blick in Richtung Zukunft ergibt sich auch, dass Menschen mit Wassermann-Energie technisch interessiert sind. Besonders Männer mit dieser Energie müssen immer die neusten technischen Spielereien haben; den Frauen hat man diese Neigung oft in der Kindheit abtrainiert.

Wassermann-Menschen sind auch gut in vernetztem Denken, weshalb die meisten guten Astrologen eine gehörige Portion Wassermann-Energie besitzen.

Das Haus, das dem Wassermann entspricht, ist das elfte Haus. Es steht traditionell für Teams, hilfreiche Freunde und soziale Netzwerke. Damit sind nicht etwa die modernen Social Media wie Facebook oder Twitter gemeint; die sind für den blitzgescheiten Wassermann oft zu oberflächlich; da generiert er lieber selbst ein Netzwerk von Menschen mit ähnlichen Interessen.

Entwickeln Sie ein Gefühl für Fische-Energie...

Fische ist ein veränderliches Wasser-Zeichen, also das Intellektuellste der Wasser-Zeichen.

Etliche Kuschel-Astrologen sagen, Fische seien schwierig und schwer zu fassen. Das liegt daran, dass solche Astrologen nicht wirklich spirituell eingestellt sind. Genau so wie es Feng-Shui-Berater gibt, die ihren Klienten zeigen, wie sie sich vor der Energie des „bösen" Nachbarn schützen können, genau so gibt es leider Gebrauchs-Astrologen, welche die Astrologie nicht als Entwicklungshilfe benutzen, sondern sie dazu verwenden wollen, möglichst alle Hindernisse zu umschiffen.

Daher haben diese Astrologen auch kein Verständnis für das spirituellste Zeichen im Tierkreis. Fische sind so ziemlich das pure Gegenteil vom Zeichen Widder. Während der Widder völlig intakte Ich-Grenzen hat, sich also gut abgrenzen kann und über einen (meist gesunden) Egoismus verfügt, ist der Mensch mit Fische-Energie eher mit der Ganzheit des Universums und mit einer transpersonalen Welt konfrontiert.

Der frühere Fische-Herrscher war der Jupiter, der auch über den Schützen herrscht. Seit man den Neptun kennt, haben die Fische ihren eigenen Herrscher, und der passt auch deutlich besser zu diesem Mystiker-Zeichen, wenn Sie mich fragen.

Wenn man die Fische-, Neptun- oder Zwölft-Haus-Energie richtig lebt, hat man eine Art göttliches Navigations-System. Das sind in der Regel Menschen, die schon als Kind mit Engeln oder Geistführern kommuniziert haben; einigen ist das leider von ihren Erziehungsberechtigten vergällt worden.

Wenn Fische-Energie faul wird, kommt es zu Fluchtverhalten wie Alkoholismus oder Drogenkonsum. Auch religiöser Fanatismus wird oft mit den Schattenseiten dieser Energie in Verbindung gebracht. Im harmlosesten Fall weiß der Fisch einfach nicht, wer er ist und spielt daher ein Leben lang sich und anderen etwas vor. Einige machen das sogar zu ihrem Beruf, weshalb man bei Schauspielern überdurchschnittlich häufig Fische-Energie vorfindet.

Auch in anderen Kunstrichtungen sind Menschen mit Fische-Energie zu finden. Wenn sie alles richtig machen, sagt ihr Publikum, die Kunst sei „göttlich und nicht von dieser Welt". Das stimmt auch, denn was der Neptun-Mensch erschafft, kommt in der Regel aus höheren Sphären. Da Fische-Menschen eine sehr dünne Haut haben, schwappt ihre legendäre Empathie manchmal in ein „Mit-Leiden" über. Der Fisch kann nicht zusehen, wie jemand leidet und möchte alles reparieren, was nicht schnell genug auf die Bäume kommt. Das heißt, es kommt zu einem Helfersyndrom bis hin zur Selbstaufgabe.

Das zwölfte Haus steht für sozialen Rückzug, Meditation und Transzendenz. In der Stunden-Astrologie wird es auch mit Einsiedelei, Klöstern und Gefängnissen in Verbindung gebracht. Das liegt vermutlich daran, dass ein Fische-Mensch Schwierigkeiten hat, zwischen dem Ich und dem Du zu unterscheiden, wenn er in Gesellschaft ist. Also zieht er sich zurück, um nur noch das Ich zu spüren.

Es kann auch sein, dass Fische-Menschen sich mit dem Höchsten verbinden möchten und meinen, dass sie das in der Einsamkeit am besten können.

Neptun regiert übrigens auch Träume, Illusionen und Täuschungen und gilt somit unter anderem auch als Herrscher über Fantasy-Romane und die Film-Industrie.

Auf einen wichtigen Punkt will ich noch hinweisen. Das Fische-Thema „Grenzen auflösen" kann sich auch darin zeigen, dass jemand mit dieser Energie weltweite Berühmtheit erlangt. Als Beispiele seien nur die Fische-Geborenen Albert Einstein und Steve Jobs genannt. Und auch beim Mauerfall spielten Neptun und die Fische-Energie eine prominente Rolle.

So, ich hoffe, Sie haben einen Eindruck gewonnen von den Energien der zwölf Sternzeichen, ihren Herrschern und den Häusern, die ihnen entsprechen.

Nochmals drei wichtige Hinweise für Sie:

1. Machen Sie bitte nicht den Fehler, Ihrem Nachbarn, der seine Sonne in der Waage hat, einfach nur diesen Abschnitt über die Waage-Energie vorzulesen. Arbeiten Sie sich zuerst durch dieses Buch, damit Sie ihm zeigen können, aus was für unterschiedlichen Energien er besteht. Damit tun Sie ihm einen größeren Gefallen, als wenn Sie sich in den Reigen der Boulevardblatt-Astrologen einfügen.

2. Meine Beschreibungen umfassen zwar wichtige Punkte, sind aber mit Sicherheit nicht vollständig. Lesen Sie mehr darüber. Im Internet gibt es zahlreiche gute Quellen. Die schlechten Quellen werden Sie übrigens daran erkennen, dass Ihnen gewisse Dinge Angst machen. Wenn ein

Astrologe irgendwo von „erhöhter Unfallgefahr" oder „frühzeitigem Tod" spricht, laufen Sie weit weg. Der Transit-Mars ist schon bei so vielen Menschen und so oft über den Geburts-Mars gegangen, ohne dass ein Unfall passiert ist, dass Sie solche Warnungen getrost in den Wind schreiben können. Nutzen Sie die Astrologie, um Ihrem Lebensplan auf die Spur zu kommen; dann ist sie unbezahlbar nützlich!

3. Es gibt keine schlechten Eigenschaften. Es gibt nur Ressourcen, die ungeschickt oder in übertriebener Weise genutzt werden!

*Ernsthafte Lerner fassen hier
das Kapitel zusammen:*

Quiz: Welcher Planet bin ich?

Wollen wir's ein bisschen spannend machen? Anstatt dass ich Ihnen die Eigenschaften der Planeten vorbete, lasse ich die Planeten selbst zu Wort kommen, und Sie raten, um welchen Planeten es sich handelt. Die Lösung finden Sie jeweils nach dem Abschnitt, wenn Sie das Buch umdrehen.

Übrigens, stoßen Sie sich bitte nicht am Wort „Planet". Jeder Astrologe weiß, dass nicht all diese Himmelskörper im astronomischen Sinn Planeten sind. Sie werden halt der Einfachheit halber so genannt.

Bereit? Los geht's!

I

Ich bin nach der Sonne der größte Planet im Sonnensystem, und das sagt schon einiges über mich aus. Ich glaube an ewiges Wachstum. Ich will, dass die Menschen sich hohe Ziele setzen und dass sie ihren Horizont erweitern. Die Menschen, die ich mit meiner Energie ausstatte, wohnen oft in Wohnungen mit spektakulärer Aussicht, und sie unternehmen gerne weite Reisen.

Wenn jemand auswandert, bin fast immer ich beteiligt. Ich herrsche über das Interesse an fremden Kulturen und Fremdsprachen. Philosophen, Lebenskünstler und Zigeuner sind mein Ding. Und die besten Lehrer haben einige Portionen meiner Energie.

Ich bin meistens offen und ehrlich, direkt und optimistisch. Ein bisschen Hochstapelei darf schon sein; die Leute wollen das schließlich so. Aber ich bleibe bei aller Lebenskunst gesetzestreu, das ist mir wichtig.

Einige sagen, ich sei auch zuständig für höhere Bildung und für ein glückliches Händchen mit Behörden.

Andere kritisieren, dass man mit meiner Energie zum Besserwisser, Klugscheißer oder Maniker mutieren könne. Wissen Sie was? Leute, die solches behaupten ignoriere ich einfach!

Lösung: Jupiter

69

2

Angstmacher-Astrologen nennen mich den großen Unglücks-Planeten. Und als ob das nicht genügen würde, habe ich noch einen kleinen Bruder, der auch nicht gern gesehen wird; dabei ist er der Mutigste von allen.

Diese Typen haben ja keine Ahnung! Ich bringe kein Unglück! Jemand muss doch das, was mein Kollege (Sie wissen schon, welchen ich meine) in seinem grenzenlosen Wachstums-Wahn aufgeblasen hat, wieder in vernünftige Bahnen lenken. Jemand muss doch zuständig sein für Struktur, Disziplin, Treue und Zeit-Management.

Ja, zugegeben, wenn ich auftauche, heißt es „Achtung, Reality Check!" Ich ermahne die Menschen mit der Weisheit des Älteren, die Dinge in ihrem Leben zu überprüfen. Brauchen sie das alles noch? Oder ist es nur noch Ballast, der sie am Glücklichsein hindert? Ja, die ganz Sturen muss ich mit Hilfe eines Verlusts belehren, und wenn es auch nur der Verlust einer Arbeitsstelle oder einer größeren Geldsumme ist. Nur die Unbelehrbaren und Dickköpfigen nennen so etwas einen Unglücks-Planeten. Wer spirituell eingestellt ist, der begrüßt mich als Glücksbringer, sobald der erste Schock überstanden ist.

Ich schubse die Menschen aus der selbsterschaffenen Komfortzone, weil ich es gut mit ihnen meine. Gefühlsduseleien kann ich nicht gebrauchen. Zu viel Unglück ist schon entstanden, weil die Gefühle mit einem Menschen durchgegangen sind.

Lösung: Saturn

3

Ich bin ein ganz Radikaler. „Alles oder Nichts" ist mein Motto. Transformation um jeden Preis. Ich will den Geheimnissen des Lebens auf die Spur kommen, hasse Oberflächlichkeit wie die Pest. Ich breche auch Tabus. Menschen, die mit meiner Energie ausgestattet sind, interessieren sich für okkulte Wissenschaften wie Tarot und Astrologie.

Der so genannte „psychologische Schatten" ist meine Domäne, und daher habe ich auch die Tiefenpsychologen unter meinen Fittichen.

Leidenschaftliche Sexualität und echte, langfristige, intime Beziehungen gehören ebenfalls in mein Ressort.

Yellow-Press-Astrologen sagen, mein Haus sei das Haus des Todes. Das ist nur zum Teil richtig. Ich bin in erster Linie der Planet der radikalen Transformation. Nur wenn es nicht mehr anders geht, greife ich zur ultimativen Transformation, die Ihr Tod nennt. „Stirb und Werde", das ist mein Ding, und das gibt es auf vielen Ebenen, da muss man nicht immer gleich an den physischen Tod denken.

Eifersuchts-Dramen werden auch mir zugeschrieben. Ja, kann schon sein, dass der eine oder andere mit meiner radikalen Alles-oder-Nichts-Energie schlecht umgehen kann. Aber wenn es mich nicht gäbe, wäre es ganz schön statisch und langweilig auf dieser Welt!

Lösung: Pluto

4

Ich bin der Planet der Schönheit, Liebe und Kunst. Bei Frauen stelle ich ihre Weiblichkeit dar, bei Männern das Thema Beziehungen im Allgemeinen. Männer, bei denen ich zur Geburtszeit rückläufig bin, sind oft Spätzünder, was Beziehungen angeht. Bei Frauen kann dasselbe zutreffen, oder sie trauen sich in jungen Jahren noch nicht so recht, ihre Weiblichkeit zu leben.

Da ich sowohl über das zweite wie auch das siebte Haus herrsche, sagt man, ich sei auch zuständig für das Geld. Das ist nur beschränkt richtig. Das zweite Haus steht für persönliche Ressourcen. Das muss nicht unbedingt Geld sein, oder? Wenn Sie in Frankreich sind und französisch können, ist das eine Ressource, die Ihnen sehr dienlich sein kann, auch wenn Sie kein Geld haben!

Lösung: Venus

5

Ich bin der Mystiker unter den Planeten. Ich löse Grenzen auf. Die Psychologen nennen mich „transpersonal". Menschen, die mit meiner Energie ausgestattet sind, haben eine sehr dünne Haut. Das kann große Vorteile haben; sie verfügen nämlich über eine Art „göttliches Navigations-System". Vielleicht haben sie schon als Kind mit Engeln oder anderen Wesen aus der geistigen Welt kommuniziert und fühlen sich mit etwas Höherem verbunden.

Die durchlässigen Ich-Grenzen bedeuten natürlich auch, dass man sich schlecht abgrenzen kann und leicht mitleidet, wenn es einem Mitmenschen schlecht geht.

Kritiker sagen, ich sei zuständig dafür, wenn jemand leichte Drogen oder Alkohol konsumiert. Das sind einfach Menschen, die mit meiner Energie nicht richtig umgehen können. Wenn sie so durchlässig sind, sollten sie regelmäßig meditieren und sich innerlich reinigen. Nicht umsonst ist mein Haus das des sozialen Rückzugs, der Meditation und Einsiedelei. Viele, die mit meiner Energie ausgestattet sind, brauchen solche Phasen, um funktionieren zu können.

Wer mich nicht als Ressource, sondern als Störfaktor ansieht, der wird ein Leben lang nicht wissen, wer er ist, und beginnen, sich und anderen etwas vorzumachen. Einige machen das sogar zu ihrem Beruf und werden Schauspieler. Die braucht es auch. Meine Hoffnung ist jedoch, dass sie eines Tages erkennen, wer sie sind, und dann die Schauspielerei nicht mehr nötig haben oder sie aus reiner Freude betreiben.

Lösung: Neptun

6

Ich bin der schnellste Planet im Sonnensystem, weshalb man mir auch oft einen Hang zu Unruhe nachsagt. Um mich herum wird es jedenfalls nie langweilig. Ich bin enorm kommunikativ und wissbegierig. Geheimnisse sollte man den Menschen, die mit meiner Energie ausgestattet sind, nicht unbedingt anvertrauen, es sei denn, sie hätten bewusst gelernt, gewisse Dinge für sich zu behalten.

Was bin ich? Eine Plaudertasche? Und oberflächlich? Jetzt hören Sie aber auf, ja? Nur weil ich am liebsten alles Wissen der Welt auf einmal aufnehmen möchte und so vielseitige Interessen habe, bin ich noch lange nicht oberflächlich! Ja, ich kann auch Small Talk, und nur weil mein Kollege, der Herr Pluto, das nicht kann, ist das doch wohl nichts Schlechtes, oder? Ihr immer mit Eurem „Stille Wasser sind tief." Stille Wasser können auch einfach trüb sein.

Ich nehme das Leben leicht und lebe in der Gegenwart, und wenn Herr Pluto sich lieber mit dem Sterben beschäftigen will, sein Problem!

Lösung: Merkur

7

Mich kennt man erst seit 1977. Für meine geringe Größe habe ich in der kurzen Zeit eine beachtliche Karriere hingelegt. Manchmal nennt man mich den „verwundeten Heiler". Gemeint ist wohl, dass Menschen, die mit meiner Energie ausgestattet sind, hervorragende Mentoren werden, sobald sie ihre eigenen Wunden geheilt haben.

Und da das sechste Haus unter anderem auch für Gesundheit zuständig ist, darf ich bei einigen Astrologen (auch bei Hans-Peter Zimmermann, falls Sie ihn kennen sollten) zusammen mit Merkur über die Jungfrau regieren. Das finde ich echt cool!

Probieren Sie's aus! Schauen Sie, wie oft ich Ihnen Hinweise zu typischen Jungfrau- oder Sechsthaus-Themen gebe, und bilden Sie sich Ihre eigene Meinung!

Lösung: Chiron

8

Ich bin noch kleiner als mein Kollege da oben, und mich hat man erst 1992 entdeckt. Die Astrologen eiern immer noch herum, was meine Bedeutung angeht. „Über seinen Schatten springen, Individualist sein" ist alles, womit sie bisher aufwarten konnten. Eine gute Portion Wassermann-Energie soll ich auch haben, deshalb zeichnen sie mich manchmal als Männchen mit einer Art Welle drunter.

Nur wenige haben begriffen, dass ich auch etwas mit dem Thema „Partnerschaft" zu tun habe und daher der ideale Herrscher über die Waage bin. Die Venus darf weiterhin mitregieren, wenn es um den Kunst-Anteil der Waage geht. Aber was Partnerschaft angeht, da gebe ich oft, zusammen mit dem Deszendenten und seinem Herrscher, wichtige Hinweise.

Wie mein Kollege aus der Asteroiden-Fraktion schon gesagt hat: Probieren Sie's aus und schauen Sie, ob an diesen Gerüchten etwas dran ist!

Lösung: Pholus

9

Mein Name kommt vom römischen Gott des Krieges. Aber denken Sie ja nicht, dass ich nur Kriege führen kann. Manchmal kommen die Menschen mit dieser männlichen Energie einfach nicht zurecht, dann kommt es zu Konkurrenzkämpfen oder gar Krieg. Das muss aber nicht sein. Viele haben gelernt, diese „aggressive" Energie im Sport auszuleben oder im Unternehmertum.

Wenn meine Energie nicht wäre, dann wäre die Welt ein Schlafsaal. Den Unternehmern liefere ich den Mut zur Tat, zum pionierhaften Vorwärtsschreiten. Zugegeben, einige schießen, bevor sie gezielt haben. Aber manchmal muss man das auch einfach tun. Wenn man seine Schüsse zu lange plant, kann es sein, dass das Wild in der Zwischenzeit schon weitergezogen ist.

Eines kann ich Ihnen jedenfalls sagen: Wer mit meiner Energie richtig ausgestattet ist, der wird, wenn er eine Ungerechtigkeit beobachtet, nicht blöd rumstehen und sagen „Da sollte mal jemand nach dem Rechten schauen." Der greift ein, bevor er sich überlegt hat, ob ihn das sein Leben kosten könnte. Und solche Menschen braucht die Welt doch, oder?

Lösung: Mars

10

Ich bin kein Planet. Wenn ich Ihnen sagen würde, wie die Astronomen mich nennen, wäre es zu einfach für Sie.

Sagen wir's mal so: Ich stehe für mütterliche Fürsorge, für Familie, Herkunft, Wurzeln und das Zuhause im Allgemeinen.

Wo ich stehe, geht es nicht um Ego, sondern um Herz, um das, was die Seele wirklich will. Man sollte mich etwas ernster nehmen, finde ich, denn im geozentrischen Weltbild bin ich schließlich der Erde näher als... nein, das kann ich Ihnen nicht sagen, sonst wird's wirklich zu einfach. Ja, ich beziehe das Licht von ihr, wie alle anderen auch. Aber für die meisten Astrologen bin ich fast genau so wichtig wie sie. Sie nennen mich jedenfalls in einem Zug mit ihr und dem Aszendenten. Und der ist ja noch nicht mal ein... der ist ja gar nichts, nur ein Punkt am Himmel!

Ach so, Schattenseiten? Ja, vielleicht etwas launisch können sie sein, meine Jünger. Oder sie pflegen Dich zu Tode, weil sie nicht wissen, wohin mit ihrer Fürsorglichkeit. Ist das so schlimm?

Lösung: Mond

II

Mich kennt man seit der Zeit der großen Revolutionen. Na, Sie werden doch wohl wissen, wann die waren, oder? Ich bin der erste Planet, den man nicht mit bloßem Auge sehen kann. Ich musste warten mit dem Entdecktwerden, bis es das Teleskop gab. Das heißt, ganz korrekt ist das eigentlich nicht: Jetzt, wo man weiß, wo ich bin, kann man mich auch ohne Fernrohr finden.

Aber genug gefaselt. Ich bin so ein interessanter Planet, dass wir zur Sache kommen sollten. Revoluzzer sein, Gerechtigkeit herstellen unter den Menschen ist das eine. Das andere, für das ich zuständig bin, sind plötzliche Ereignisse. Warum es die braucht? Ganz einfach: Der Mensch muss auch mit dem Unerwarteten umgehen können. Nur dann bleibt er spontan, und nur dann ist er frei.

Und Freiheit ist mein oberstes Gebot. Ich will Individualisten züchten. Nein, „züchten" ist das falsche Wort. Ich will sie kreieren. Freiheitskämpfer, und wenn es sein muss, auch Sippenflüchtlinge. Wenn die Sippe an Traditionen festhält, schränkt das die Freiheit meiner Jünger ein, und sie müssen sich befreien, sonst sterben sie. Vielleicht nicht physisch, aber seelisch. Und das ist jammerschade, denn Menschen mit meiner Energie sind Genies. Sie sind Visionäre, die Eure Zukunft gestalten.

Rebellen sind sie nur dann, wenn sie sich in ihrer Freiheit eingeschränkt fühlen. Wenn ich einem meiner Jünger eine intuitive Eingebung liefere (dafür bin ich bekannt), verlange ich, dass er sie befolgt, egal, ob er sie rational begründen kann, und egal, ob einige ihn für verrückt erklären.

Schattenseiten? Ich kann Beziehungen brüsk beenden, wenn Geben und Nehmen nicht im Gleichgewicht sind. Da staunen sie dann, die Leute, weil ich sonst als Menschenfreund gelte. Wenn einer seine Chance verpasst hat, gibt es für mich kein Zurück. Da bin ich radikal. Pardon? Intoleranz gegenüber langsamen Lernern? Die sind ja auch unerträglich!

Lösung: Uranus

12

Also, dass ich als Letzte dran bin, ist ja nur deswegen tolerierbar, weil ich die Größte bin und alles am Leben erhalte. Haha, schwierige Aufgabe! Was gibt es zu mir zu sagen? Ich bin das Zentrum, die Mitte, die Lebenskraft, der Antrieb. Ohne mich können all diese Knirpse nicht existieren. Alles dreht sich um mich.

Ich kann es mir leisten, verschwenderisch zu sein. Wäre ich es nicht, würden alle anderen kaputt gehen. Ich weiß, ich wiederhole mich. Was bin ich, eine Angeberin? Was kann ich denn dafür, wenn ich die Größte und Hellste von allen bin? Übrigens, das nur nebenbei, nur im Deutschen bin ich weiblich; in allen anderen Sprachen, die Geschlechter kennen, bin ich männlich. Welche Feministin hat da etwas von „typisch" gesagt?

Wenn ich bis jetzt nicht so sympathisch rübergekommen bin, darf ich sie daran erinnern, dass ich unter anderem für genügend Wärme sorge. Ohne sie wäre kein Leben möglich. Und vielleicht denken Sie auch daran, dass man bei gutmütigen Menschen von „warmherzigen" Menschen spricht.

Es ist ganz einfach: Ich schäme mich nicht ob meiner Größe. Ich mag es, bewundert zu werden und stehe gerne im Rampenlicht. Was sage ich da, ich *bin* das Rampenlicht. Und nicht nur das: Ich bin alles Licht der Welt. Ich bin auch die Kreativität. Was das ist? Na, alles, was nicht existieren würde ohne Sie. Klar, dazu gehören auch Ihre Kinder, aber genau so auch jedes Bild, das Sie malen, jedes Buch, das Sie schreiben, jede Homepage, die Sie gestalten und jede noch so kleine Bastelei.

Was habe ich? Ein großes Ego? Und was ist daran falsch? Ich kann mir ja wohl zu Recht etwas einbilden auf meine Leistung, oder?

Lösung: Sonne

Na, hat's Spaß gemacht?
Jetzt müssen Sie nur noch etwas zum Thema „Häuser" erfahren, und dann kann's losgehen mit Ihrer Karriere als Astro-Coach...

Ernsthafte Lerner fassen hier das Kapitel zusammen:

Wie ist das mit diesen Häusern?

Auch hier erspare ich Ihnen die astronomischen Fakten. Merken Sie sich einfach Folgendes: Das Häusersystem richtet sich nach der Geburtszeit. Das, was wir Aszendent nennen, ist nichts anderes als die Spitze, also der Beginn des ersten Hauses. Oder mit anderen Worten, es ist das Zeichen, das zum Zeitpunkt Ihrer Geburt am Osthorizont aufging.

Von da an gehen die zwölf Häuser im Gegenuhrzeigersinn um ihr Horoskop. Zur Erinnerung für Sie nochmals meine Radix:

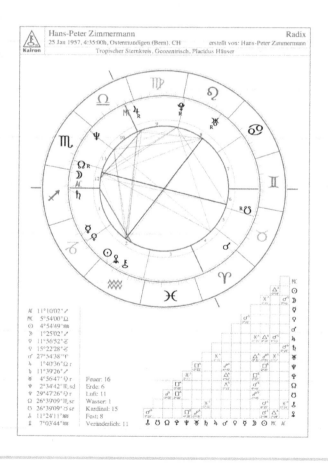

Können Sie erkennen, dass die Häuser unterschiedlich groß sind? Das liegt daran, dass ich das Placidus-Haussystem verwende, das die Häusergröße nach dem Geburtsort richtet. Es gibt viele weitere Häusersysteme wie zum Beispiel Koch, Porphyrius oder Regiomontanus.

Daneben gibt es auch so genannte äquale Häusersyteme, bei denen jedes Haus gleich groß ist. Am besten arbeiten Sie am Anfang mit dem beliebten Placidus-System, das gut die Hälfte aller Astrologen verwendet. Einen großen Unterschied gibt es ohnehin nicht, aber es kann sein, dass einmal ein Planet im einen System ganz knapp noch im zweiten Haus ist, während er im anderen System im dritten zu stehen kommt. Gottseidank ist es aber in der Astrologie so, dass eine bestimmte Eigenschaft eines Horoskop-Eigners nicht nur durch einen einzigen Indikator angezeigt wird, so dass das Gesamtbild deswegen nicht leidet.

Was ist denn jetzt der Unterschied zwischen Zeichen, Planeten und Häusern? Es gibt eine Faustregel, die da lautet:

- Die Planeten sind die Schauspieler
- Die Häuser sind die Bühnen
- Die Sternzeichen zeigen, wie gespielt wird

Das ist allerdings wirklich nur eine Faustregel. Was fangen Sie damit an, dass mein Merkur im Steinbock im ersten Haus ist? Dass meine Kommunikation (Merkur) sehr strukturiert ist (Steinbock), das merken Sie, wenn Sie dieses Buch lesen, oder? Aber was soll ich mit dem ersten Haus anfangen? Kommuniziere ich nur für mich selbst? Blödsinn! Ist Kommunikation vielleicht besonders wichtig im Hinblick auf meine Persönlichkeitsentwicklung? Das wäre in meinen Augen eine typische Barnum-Aussage, die für die meisten Menschen irgendwie stimmt.

Ich halte es in der Regel so, dass, wenn jemand beispielsweise ein volles achtes Haus hat, ich ihm einfach eine gehörige Portion Skorpion-Energie zuschreibe, auch wenn er sonst keinen einzigen Planeten im Zeichen Skorpion hat.

Lassen Sie sich von den Häusern bitte nicht verwirren! Einiges ist ziemlich klar, und anderes wiederum nicht. Wenn jemand vier wichtige Planeten im ersten Haus hat, können Sie davon ausgehen, dass dieser Mensch die Persönlichkeitsentwicklung in diesem Leben über alles andere stellt. Er wird sich vermutlich in einem früheren Leben zu sehr untergeordnet, wird zu viel Rücksicht auf andere genommen haben. „Jetzt bin ich mal dran!" ist sein Motto. Sich entwickeln können, eine natürliche Abgrenzung, ein gesunder Egoismus, alles Dinge, gegen die niemand etwas haben kann, oder?

Genau so okay ist es, wenn jemand mit einem vollen siebten Haus offenbar beschlossen hat, in diesem Leben einem Partner den Rücken zu stärken. Vielleicht war er in einem früheren Leben übermäßig misstrauisch und will in diesem Leben in erster Linie eines lernen: Vertrauen. Und das geht nur mit einem Gegenüber.

Ein Stellium, also eine Planetenhäufung, im zehnten Haus, deutet darauf hin, dass jemand in diesem Leben an seinem Auftreten in der Welt arbeiten will, an seinem Ansehen und seinem Erfolg.

Wenn Ihnen also zum Haus konkret etwas einfällt, dann sagen Sie es. Andernfalls weichen Sie einfach auf das Sternzeichen aus, das mit diesem Haus in Verbindung gebracht wird.

Und noch etwas: Glauben Sie nicht alles, was im Internet zu den einzelnen Häusern steht. Bei den Stunden-Astrologen werden Sie zum Beispiel lesen, die Häuser 2, 6, 8 und 12 seien „schlechte" Häuser. Das ist leider nicht das einzig Gruselige, was die zu bieten haben. Mein Rat: Lassen Sie die Finger von der Stunden-Astrologie und anderen schwarzmagisch anmutenden Zweigen der Astrologie! Betreiben Sie eine bodenständige, psychologisch orientierte Form des Astro-Coachings. Und da gelten für die einzelnen Häuser folgende Zuständigkeitsbereiche:

Haus	Lebensbereich	Entspricht dem Sternzeichen	Zusätzliches Thema aus der Stunden-Astrologie, das nur selten nützlich ist!
I	Persönlichkeit, Profilierung, das ICH	♈ Widder	

2	Verdienst, Ressourcen, Selbstwert	♉ Stier	Eigenes Geld
3	Kommunikation, Verstand, Ausdruck, Wissbegierde	♊ Zwillinge	Geschwister, kurze Reisen
4	Familie, Ursprung, Wurzeln, Zuhause	♋ Krebs	Mutter
5	Spiel, Sport, Kinder, Kreativität	♌ Löwe	Liebesaffären, Spielsucht
6	Broterwerb, Gesundheit	♍ Jungfrau	Bedienstete, Angestellte
7	Partnerschaft, das DU	♎ Waage	Gerichtsprozesse, offene Feinde
8	Wandlung, intime Partnerschaft	♏ Skorpion	Fremdes Geld, Tod
9	Lebenssinn, Bildung, Philosophie, Horizont-Erweiterung, Unterrichten	♐ Schütze	Weite Reisen, Fremde Kulturen, Ausländer, Fremdsprachen
10	Berufung, Erfolg, Ansehen, Karriere	♑ Steinbock	Vater, „weise Ältere"
11	Wahlverwandtschaften Gemeinschaft, hilfreiche Freunde	♒ Wassermann	Mäzene, Gönner
12	Göttliches Navi, Meditation, sozialer Rückzug, Ganzheit	♓ Fische	Gefängnisse, Geheimnisse, Enttäuschungen, verdeckte Feinde

Jetzt wissen Sie, warum in der Stunden-Astrologie die Häuser 6, 8 und 12 verpönt sind. Niemand will Sklave sein, tot oder im Gefängnis, oder? Nur das fremde Geld im achten Haus, da würde man nicht nein sagen. Sehen Sie, wie sehr solche Art von Astrologie dieses wunderbare Instrument in Verruf bringt?

Es gibt wenige Ausnahmen, wo ich diese etwas banalen Themen mit gutem Gewissen mit einbeziehe. Wenn jemand beispielsweise ein volles fünftes Haus hatte und es weitere Hinweise auf Liebesaffären gab wie zum Beispiel eine Mars-Venus-Konjunktion, wie sie auch in den Radices von Casanova und Bill Clinton vorkommt, habe ich jeweils gesagt: „Du hast, vor allem in jüngeren Jahren, nichts anbrennen lassen." Das wurde jedes Mal vom Klienten bestätigt.

Wann ist ein Planet wichtig?

In den früheren Kapiteln habe ich öfter von „wichtigen" Planeten gesprochen, und Sie haben sich bestimmt gefragt, wann denn ein Planet wichtig ist. Das ist einfacher, als Sie vielleicht denken!

Wichtig sind zunächst alle so genannten „persönlichen Planeten". Dazu gehören:

- Sonne

- Mond

- Merkur

- Venus

- Mars

Das sind verhältnismäßig schnelle Planeten, die also ihre Position relativ rasch verändern; daher sagen sie auch viel über ein Individuum aus. Nehmen Sie aber beispielsweise den Uranus. Weiter vorne im Buch können Sie nachlesen, dass er ungefähr sieben Jahre im selben Zeichen bleibt. Pluto sogar 14 bis 30 Jahre. „Pluto im Löwen" sagt also nichts aus über Sie, sondern über jeden, der in Ihrer Generation geboren ist. Einzig die Frage, in welchem Haus sich Uranus befindet, kann zur individuellen Deutung herbeigezogen werden, aber bitte auch hier eher mit geringerer Priorität. Meistens sind die Aussagen zu allgemein, als dass Sie damit einen Skeptiker überzeugen könnten.

Bedeutet das nun, dass alle langsamen Planeten unbedeutend sind? Nein, wenn ein langsamer Planet der Herrscher Ihres Sonnen- oder Mondzeichens, des Aszendenten oder des MC ist, dann bekommt er ein stärkeres Gewicht. Wenn er eine Konjunktion bildet mit einem dieser wichtigen Punkte, sich also innerhalb von etwa zehn Grad von diesen Punkten befindet, ebenso. Und wenn er im Domizil, also seinem eigenen Zeichen ist, oder im Exil, also im gegenüberliegenden Zeichen, natürlich auch.

Beispiel gefällig? Sehr gern. Schauen Sie sich auf der nächsten Seite nochmals meine Radix an:

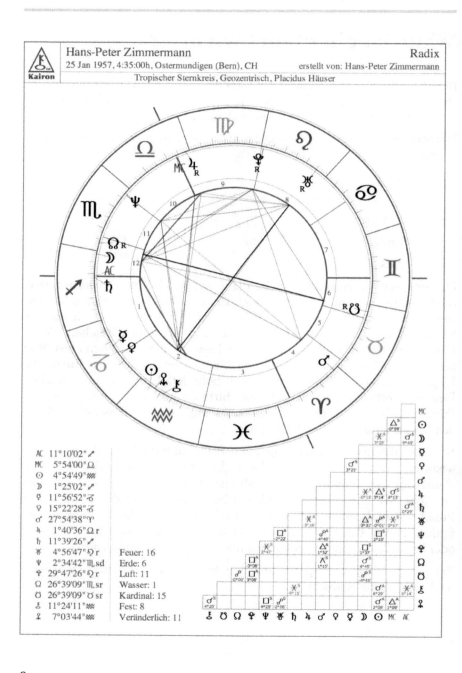

		Hans-Peter Zimmermann													Radix
Kairon	25 Jan 1957, 4:35:00h, Ostermundigen (Bern), CH							erstellt von: Hans-Peter Zimmermann
	Tropischer Sternkreis, Geozentrisch, Placidus Häuser

AC   11°10'02" ♐
MC   5°54'00" ♎
☉   4°54'49" ♒
☽   1°25'02" ♐
☿   11°56'52" ♑
♀   15°22'28" ♑
♂   27°54'38" ♈
♃   1°40'36" ♎ r
♄   11°39'26" ♐
♅   4°56'47" ♌ r
♆   2°34'42" ♏ sd
♇   29°47'26" ♌ r
☊   26°39'09" ♏ sr
☋   26°39'09" ♉ sr
⚷   11°24'11" ♒
⚸   7°03'44" ♒

Feuer: 16
Erde: 6
Luft: 11
Wasser: 1
Kardinal: 15
Fest: 8
Veränderlich: 11

84

Planet	...ist in HPZs Radix wichtig, weil...
Sonne	...sie in jeder Radix wichtig ist.
Mond	...er in jeder Radix wichtig ist.
Mars	...er in jeder Radix wichtig ist. Bei HPZ bekommt Mars zusätzliches Gewicht, weil er in seinem eigenen Zeichen ist, also im Domizil.
Merkur	...er in jeder Radix wichtig ist.
Venus	...sie in jeder Radix wichtig ist.
Jupiter	...er der Herrscher des Mondzeichens (Schütze) und des Aszendenten (Schütze) ist und zusätzlich in Konjunktion mit dem MC steht. Außerdem ist er in seinem eigenen Haus (9. Haus)
Saturn	...er eine exakte Konjunktion mit dem Aszendenten bildet.
Uranus	...er der Herrscher des Sonnenzeichens ist und eine exakte Opposition mit der Sonne bildet.
Pluto	...er der Herrscher des nördlichen Mondknotens im Skorpion ist (falls man sich für karmische Astrologie interessiert)

Für mich war es am Anfang etwas vom Schwierigsten, zwischen wichtigen und unwichtigen Planeten zu unterscheiden, oder besser gesagt, zu wissen, nach welchen Prioritäten man eine Deutung vornimmt. Was auf jeden Fall nicht passieren darf, wenn Sie mein Horoskop deuten, ist, dass Sie die ganze Zeit vom Pluto im Löwen sprechen (der für meine ganze Generation gilt), bevor Sie den Saturn auf dem Aszendenten und den Jupiter am MC angesprochen haben. Verstehen Sie, was ich meine?

Ernsthafte Lerner fassen hier das Kapitel zusammen:

Unter diesem Aspekt...

Ich weiß, dass ich mich mit der Äußerung, die Sie gleich von mir hören werden, in Teufels Küche begebe. Achtung, hier kommt sie: Aspekte werden in der Astrologie heillos überschätzt!

Vielleicht ändere ich in ein paar Jahren meine Meinung, aber im Moment sage ich: Die Sucht der meisten Astrologen, jeden hintersten und letzten Aspekt deuten zu wollen, hat zu diesen vagen Aussagen geführt, die man dem Barnum- oder Forer-Effekt zuschreibt, und die maßgeblich zur Verteufelung der Astrologie beitragen.

Die einzigen Aspekte, die sich für exakte Aussagen eignen, sind meiner Meinung nach die Konjunktionen. Einzig in einem Synastrie-Horoskop zeigt meiner Erfahrung nach die Summe der „günstigen" Aspekte minus die Summe der „ungünstigen", wie harmonisch respektive wie herausfordernd die Beziehung ist. „Herausfordernd" muss jedoch keineswegs „schlecht" bedeuten. Das ist bloß für Kuschel-Astrologen ein Problem.

Ach so, Entschuldigung, Sie wissen ja vermutlich noch gar nicht, was ein Aspekt ist. Also, fangen wir ganz vorne an: Ein Aspekt ist der Winkel, in dem zwei Planeten zueinander stehen. Und dafür gibt es in der Astrologie bestimmte Bezeichnungen. Die Haupt-Aspekte, auch ptolemäische Aspekte genannt, sind:

Symbol	Aspekt	Abstand zwischen den Planeten
☌	Konjunktion	0 Grad
☍	Opposition	180 Grad
△	Trigon	120 Grad
□	Quadrat	90 Grad
✶	Sextil	60 Grad

Daneben gibt es zahlreiche Neben-Aspekte, zum Beispiel:

Aspekt	Abstand zwischen den Planeten
Quintil	72 Grad
Biquintil	144 Grad
Halbquadrat	45 Grad
Anderthalbquadrat	135 Grad
Halbsextil	30 Grad
Quinkunx	150 Grad

Nächste Frage: Wie exakt müssen diese Winkel sein? Oder anders gefragt: Wenn der Jupiter vier Grad neben dem MC liegt, ist das dann immer noch eine Konjunktion?

Damit sind wir beim Begriff der „Orben" (Einzahl „Orbis"). Der Orbis ist die erlaubte Abweichung vom exakten Winkel. Jeder Astrologe arbeitet mit unterschiedlichen Orben. Hier ist eine ungefähre Richtlinie, die wohlverstanden nur für die Haupt-Aspekte gilt. Mit den Neben-Aspekten werden wir uns fortan gar nicht mehr beschäftigen, denn Sie kennen ja meine Meinung dazu:

Objekte	Orbis
Starke Objekte wie Sonne, Mond, Aszendent, MC	±8 Grad, bei Konjunktionen und Oppositionen bis 12 Grad
Weniger starke Objekte	bis 5 Grad

Dann sollten Sie noch wissen, wie die Aspekte traditionell gewertet werden. Warum Sie das wissen müssen? Damit Sie es gleich wieder vergessen können. Denn auch diese Wertung kommt aus der Ecke der Kuschel-Astrologen, die, übrigens genau so wie die meisten Feng-Shui-Berater, harmoniesüchtig bis zum Gehtnichtmehr sind und am liebsten jegliche Entwicklung im Keim ersticken möchten.

Aspekt	Gilt traditionell als
Konjunktion	extrem harmonisch
Trigon	sehr harmonisch
Sextil	ziemlich harmonisch
Opposition	spannungsgeladen
Quadrat	sehr spannungsgeladen

Warum Sie das gleich wieder vergessen sollten? Weil die Horoskope vieler wertvoller Menschen voller Quadrate sind. Was also soll daran schlecht sein? Wie gesagt, einzig bei Synastrie-Horoskopen bin ich bereit, mit mir reden zu lassen.

Was ein Synastrie-Horoskop ist, werden wir später noch lernen. Vorerst nur so viel: Es ist ein Paar-Horoskop, bei dem man die Geburtshoroskope der beiden Partner übereinander legt. Und da kommt meiner Frau und mir zum Beispiel die Tatsache zugute, dass Ihr Aszendent eine exakte Konjunktion mit meiner Sonne bildet.

Das Quadrat zwischen ihrem und meinem Merkur könnte man so deuten, dass wir uns auf sprachlicher Ebene oft missverstehen. Aber hallo: Bei welchem Paar ist das nicht der Fall? Das gehört für mich wieder in die Ecke der Barnum-Aussagen.

Aber machen wir erst mal weiter mit den Aspekten. Es gibt noch ein paar Dinge, die Sie wissen müssen.

Die Aspekte erscheinen in einer Radix an zwei Stellen. Zum einen in der Mitte der Horoskop-Zeichnung, also hier:

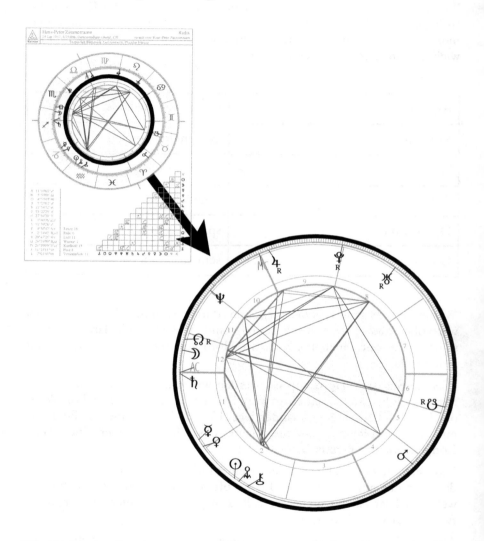

Die Dicke der Striche zeigt an, wie exakt der Aspekt ist. Je dicker der Strich, desto kleiner der Orbis.

Die Farbe zeigt die Art des Aspekts an. Mein Programm zeigt Oppositionen in ocker, Trigone in dunkelblau, Quadrate in rot und Sextile in hellblau an.

Die Opposition zwischen südlichem und nördlichem Mondknoten (dargestellt durch die beiden Hufeisen) können Sie allerdings vergessen, denn die beiden liegen sich immer gegenüber.

Da man in der vorherigen Grafik oft nicht genau erkennen kann, von wo nach wo die Verbindung geht, und da man vor allem die wichtigsten Aspekte, die Konjunktionen nicht anhand der Striche erkennen kann, gibt es die so genannte Aspekt-Grafik, und die finden Sie hier:

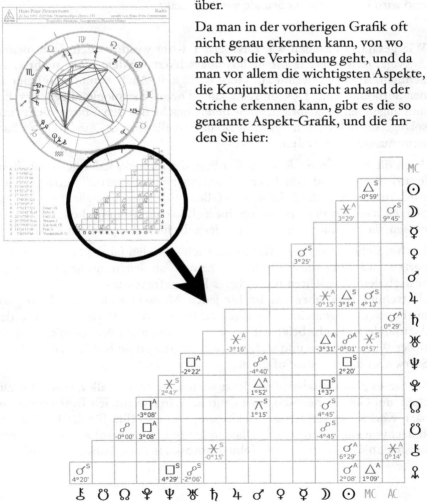

Unter dem Aspekt steht jeweils die Abweichung, also der Orbis, in Grad und Bogenminuten. Und daneben steht ein „S" oder ein „A".

Das A steht für „applying", das heißt, die beiden Planeten nähern sich einander an, oder mit anderen Worten: Ein paar Stunden oder Tage später wäre der Aspekt noch exakter. Das S steht für „separating". Das bedeutet, die Planeten trennen sich langsam; der Aspekt war schon einmal exakt und wird jetzt mit jeder Stunde weniger exakt.

Wie gesagt: Menschen wie Elisabeth Teissier werden mich nach meiner Aussage, dass Aspekte oft heillos überschätzt werden, nicht mehr ernst nehmen. Aber das beruht auf Gegenseitigkeit. Auch wenn die Teissier an der Sorbonne eine Doktorarbeit zum Thema Astrologie abgeliefert hat und angeblich Staatspräsidenten berät, macht das den Braten nicht fett, solange sie sich dazu hergibt, in Boulevard-Blättern die einfältigsten Barnum-Aussagen zu treffen.

Auch die Schweizerin Monika Kissling, die immer wieder gern von Boulevard-Blättern und Lokal-Fernsehstationen als „Expertin" hinzu gezogen wird, tut der Astrologie keinen Gefallen mit diesen unsäglichen Gemeinplätzen wie zum Beispiel diesem hier: „Löwen müssen in diesem Jahr aufpassen, dass sie nicht zu verschwenderisch sind!" (Originalton Kissling!).

Ich bin sicher, dass diese Menschen nach so vielen Jahren tatsächlich Experten sind. Aber warum stellt sich keiner von denen hin und sagt, wenn er nach den „Aussichten für nächstes Jahr" gefragt wird:
„Entschuldigung, aber das ist für jeden Menschen anders. Ich weigere mich, solche allgemeinen Aussagen zu treffen, die von den Kritikern der Astrologie zu Recht belächelt werden. Ich will mich der Astrologie in seriöser Weise widmen und nicht einfach nur die große Kohle machen!"
Sorry, aber das musste einfach mal gesagt werden!

Ob Sie es glauben oder nicht: Jetzt wissen Sie bereits alles, was Sie brauchen, um Geburtshoroskope zu deuten. Später werde ich Ihnen noch ein paar Werkzeuge zur Krisenbewältigung und als Hilfe für die Persönlichkeitsentwicklung zeigen. Aber lassen Sie uns vorerst anhand von einigen Beispielen das Deuten eines Geburtshoroskops üben. Einverstanden?

*Ernsthafte Lerner fassen hier
das Kapitel zusammen:*

Beispiele von Radix-Deutungen

Fangen wir doch mit meiner eigenen Radix an. Ich hoffe, Sie verstehen das so, wie es gemeint ist: Als ein Akt der Ehrlichkeit und Transparenz. Ich werde Sie nämlich nicht nur auf meine Stärken hinweisen, die in meinem Horoskop klar ersichtlich sind, sondern auch darauf, was ich in diesem Leben noch entwickeln, beziehungsweise wo ich noch über meinen Schatten springen muss.

Die Vorbereitung oder „Triage" haben Sie ja bereits getätigt, das heißt, Sie haben auf fünf Seiten die wichtigen Dinge aus meiner Radix-Zeichnung heraus gezupft.

Ich tue jetzt mal so, als wäre ich Sie, okay? Ich habe Ihnen gerade per Paypal 160 Euro überwiesen für ein Astro-Coaching. Ach so, wie heißt es so schön: „Die Seele will geduzt werden." Also wenn Du jetzt schon alles weißt über mich, sind wir ab jetzt per Du. Einverstanden?

Ungefähr Folgendes solltest Du zu mir sagen, wenn Du nicht willst, dass ich mein Geld zurückverlange:

Also, lieber Hans-Peter, ich muss vorausschicken, dass ein Geburtshoroskop entgegen der landläufigen Annahme nicht zwingend zeigt, wie jemand ist, sondern wie er sein könnte, wenn er all seine Ressourcen nutzt. Die meisten Menschen, die zu mir finden, leben sehr bewusst und haben eine gute Intuition; bei denen stimmt ganz vieles mit der Wirklichkeit überein. Wer aber immer nur auf die anderen gehört und sich nicht getraut hat, sein eigenes Leben zu leben, der wird sich wie im falschen Film fühlen, wenn man ihm sein Geburtshoroskop deutet.

Ich werde Dir also nicht sagen „Du bist so und so", sondern ich werde Dir lediglich die Energien in Deiner Radix deuten, und Du kannst mir dann sagen, ob und wie Du diese Energien spürst, und wie sie sich in Deinem Leben bisher manifestiert haben.

Wichtig ist natürlich, dass Deine Geburtszeit gut recherchiert ist, denn manchmal können schon fünf Minuten Unterschied sich auswirken wie Tag und Nacht.

Ich zeichne übrigens den Ton auf und werde Dir die Aufzeichnung als mp3-File zur Verfügung stellen, denn es ist in der Regel sehr fruchtbar, wenn man sich das noch-

mals in aller Ruhe anhört. Wenn man in einer funktionierenden Partnerschaft lebt, am besten sogar zusammen mit dem Partner oder der Partnerin.

Elemente und Qualitäten

Ich fange immer unten in der Mitte an. Da findest Du die vier Elemente Feuer, Erde, Luft und Wasser, die es auch in anderen Systemen gibt, z.B. im Tarot oder im hawaiianischen Huna, und darunter die drei Qualitäten kardinal, fest und veränderlich, die meines Wissens nur in der westlichen Astrologie verwendet werden. Diese Werte geben grob über das Grundtemperament eines Menschen Auskunft.

Wenn wir bei Dir, Hans-Peter, Feuer und kardinal zusammenzählen, kommen wir auf 31. Also kann ich, ohne dass ich Dich kenne, sagen, dass Du ein sehr unternehmungslustiger, initiativer, unternehmerischer Mensch bist mit viel Begeisterung für das Leben. Vermutlich hast Du, besonders in jüngeren Jahren, oftmals Mühe gehabt, abzuschalten. Die Schattenseite von so viel Feuer und kardinal besteht darin, dass man Herzprobleme bekommen kann oder im Burnout landet, wenn man nicht rechtzeitig lernt, sich zu entspannen.

Erde und fest geben bei Dir zusammen 14 Punkte. Das ist auch nicht wenig, aber es fällt natürlich gegenüber Feuer und kardinal stark ab, so dass man mit Fug und Recht behaupten kann: Geduld ist nicht Deine größte Stärke. Und ich will nicht sagen, dass bei Dir vieles liegen bleibt, denn mit dem Saturn exakt auf Deinem Aszendenten dürftest Du ein hervorragender Zeitmanager sein und sehr strukturiert und diszipliniert arbeiten, aber Du musstest vermutlich lernen, dass nicht alles, was gedacht wird, auch getan werden muss. Und es muss vor allem nicht von Dir getan werden!

Bei Luft und veränderlich kommen wir auf 22 Punkte. Das ist auch sehr ordentlich und bedeutet, dass Du Deinen Geist stets beschäftigen musst. Neues zu lernen, macht Dir großen Spaß, ja, ist sogar eine Notwendigkeit. Alles, was nach Routine riecht, ist Dir ein Gräuel. Normalerweise bedeutet so viel Luft und veränderlich, dass man sich leicht ablenken lässt und einen Hang zur Verzettelung hat, aber diese Gefahr scheint mir bei Dir nicht vorhanden zu sein, da Du den Saturn, der für Disziplin und Strenge zuständig ist, direkt auf Deinem Aszendenten hast; und außerdem sind die beiden wichtigen Planeten Merkur und Venus im Steinbock, so dass ich denke, dass Du die Dinge sehr strukturiert, diszipliniert und mit einer gewissen Nüchternheit angehst.

Bleibt noch das Wasser, das für Emotionen und Empathie steht. Es hat kein Pendant bei den Qualitäten, so dass bereits ein Wert von 8 ganz ordentlich wäre. Du hast nur einen Punkt, was aber nicht bedeutet, dass Du keine Gefühle hast. Menschen mit so viel Feuer können leidenschaftliche Liebhaber sein, aber Du bestimmst vorher mit Deiner Vernunft, wann Du Dich hingibst und an wen. Dein Mangel an Wasser bewahrt Dich davor, dass die Gefühle mit Dir durchgehen. Ungewollt eine Frau schwängern oder im Drogenrausch Dinge tun, die Du später bereust, das ist nicht Dein Ding. Auch Helfersyndrom liegt Dir fern; Du kannst das Leiden dort lassen, wo es hingehört. Oder etwas eleganter ausgedrückt: Du achtest das Schicksal Deiner Mitmenschen, auch dann, wenn es ein schweres ist. Menschen mit viel Wasser im Horoskop werden Dich möglicherweise als distanziert oder gar gefühlskalt bezeichnen, aber Du lebst halt in Deiner geistigen Welt. Mit Deiner Wassermann-Sonne bist Du schon deshalb ungern verliebt, weil Du in solchen Phasen nicht über all die wichtigen Dinge nachdenken kannst, die Dich beschäftigen.

Sonne, Mond und Aszendent

Jetzt wollen wir uns den drei wichtigen Säulen Sonne, Mond und Aszendent zuwenden. Sie sind nicht die einzigen Säulen, aber natürlich schon sehr wichtig.

Ich muss vorausschicken, dass es ein paar starke Gegensätze gibt, die Du vielleicht in der ersten Lebenshälfte oft als inneren Kampf erlebt hast. Aber ich sage immer: Es ist sinnvoll, wenn man lernt, dass das kein innerer Kampf sein muss, sondern dass das wichtige Ressourcen sind, die einem sehr dienlich sein können, wenn man sie richtig nutzt. Es kann sein, dass Du diese gegensätzlichen Kräfte situativ oder auch zeitlich unterschiedlich erlebst. Vermutlich hast Du in Deinem Alter bereits gelernt zu akzeptieren, dass Du an einem Tag der mutige und zuversichtliche Wassermann-Schütze-Mensch bist, der an ewiges Wachstum glaubt und vor Zuversicht strotzt, und am nächsten Tag der sicherheitsbedürftige Stier und der verletzliche Fisch. Diese beiden Energien kommen daher, dass Deine Sonne im zweiten Haus und Dein Mond im zwölften Haus ist.

Sonne im Wassermann

Aber fangen wir an einer Ecke an. Deine Sonne ist, zusammen mit zwei anderen Planeten, Chiron und Pholus, im Wassermann. Zusammen mit der Tatsache, dass der Wassermann-Herrscher Uranus eine exakte Opposition zu Deiner Sonne bildet, gibt Dir das eine gehörige Portion Wassermann-Energie.

Wassermann ist ein festes Luft-Zeichen. Freiheit ist absolut oberstes Gebot. Wenn Du Dich getraut hast, Dein Leben zu leben, und Du hast relativ wenige Faktoren, die Dich davor zurückhalten würden, dann bist Du ein Individualist. Der Wassermann sagt: „Ich bin, wie ich bin. Wenn's euch passt, ist es schön; wenn nicht, ist es interessant." Ein anderer Wassermann-Spruch lautet: „Wer mich nicht mag, der muss halt noch ein wenig an sich arbeiten."

Was auch typisch ist für den Wassermann: Er hat oft ganz plötzliche intuitive Eingebungen. Er weiß, er muss dies und jenes jetzt einfach tun, ohne es erklären zu können. Der Blick des Wassermanns ist in die Zukunft gerichtet. Er hat keine Mühe, mit der Vergangenheit abzuschließen und sich völlig neu zu erfinden. Daher sind Wassermann-Karrieren selten linear. Das Motto des Wassermanns lautet: „Das Leben ist zu lang für eine einzige Karriere."

Wassermann-Energie wird auch mit einer extrem raschen Auffassungsgabe und einem messerscharfen Verstand in Verbindung gebracht. Auf der Schattenseite kann der Wassermann sehr intolerant sein gegenüber langsameren Lernern und Menschen, die er als dumm erachtet.

Viele Wassermann-Menschen zieht es in die Fliegerei, nicht nur, weil das die ultimative Freiheit bedeutet, sondern auch, weil der Wassermann verliebt ist in jede Form von technischem Fortschritt. Somit lechzt er in der Regel auch nach den neuesten technischen Gadgets. Telekommunikation, Elektrotechnik, Internet, das sind alles Wassermann-Domänen. Wassermann-Frauen hat man das mit der Technik leider oft mit der Erziehung abgewöhnt.

Wassermänner sind oft Sippenflüchtlinge. Wenn die Herkunftsfamilie ihn zurückhält mit seltsamen Erwartungshaltungen, dann ist der Wassermann der Erste, der auf sein Recht pocht, ein eigenes Leben zu führen. Er ist nicht so sehr an Blutsverwandtschaft interessiert als vielmehr an Seelenverwandtschaft, das heißt, er sucht sich seine eigene Community von Gleichgesinnten.

Der Wassermann rebelliert gegen künstliche Autoritäten. Nur weil irgendwo „Chef" drauf steht, ist das für den Wassermann noch lange kein Chef. Jemand muss ihm schon etwas beibringen können, damit er ihn respektiert.

Es klingt zwar seltsam, aber der Wassermann nimmt sich selbst gar nicht so wichtig, wie es manchmal scheinen könnte. Beim Wassermann ist die Sonne im Exil, was ihn zum Philanthropen macht, zum Menschenfreund, dem die Menschheit wichtiger ist als einzelne Menschen. Das kann bei gewissen Wassermännern dazu führen, dass sie über das Ziel hinausschießen im Sinne von „der Zweck heiligt die Mittel", und dann wird er ein unangenehmer Fanatiker oder gar ein Krimineller. Achtung: **Ich will damit nicht etwa sagen, dass du ein Krimineller seist; ich möchte Dir ledig-** *lich ein Gefühl dafür vermitteln, wie es ist, wenn man die Stärken der Wasser-* **mann-Energie übertreibt und dann nur noch die Schattenseiten dieser genialen En-** *ergie auslebt. Diejenigen Menschen, die zu mir finden, sind in der Regel spirituell eher fortgeschritten und werden sich hüten, zu sehr in die gehemmte oder unreife Form abzurutschen.*

Dadurch, dass der Wassermann immer am Nachdenken und Tüfteln ist, wirkt er auf einige Menschen etwas distanziert bis unterkühlt. Er ist an sich der geborene kumpelhafte Teamleader, aber wehe, einer der Mitarbeiter missachtet die natürliche Autorität des Wassermanns. Zuerst schaut der Wassermann etwas länger zu als andere, bis er handelt. Dann aber kann er sehr brüsk reagieren, und es gibt in der Regel kein Zurück mehr.

Sonne im zweiten Haus

Die Häuser haben zwar oft eine sehr ähnliche Energie wie das Sternzeichen, dem sie entsprechen. Jedoch macht die Sonne im zweiten Haus keinen typischen Stier-Menschen aus Dir; sie sorgt lediglich dafür, dass Du den starken Wunsch hast nach materiellem Wohlstand. Nicht dass Du Letzterem alles opfern würdest, und schon gar nicht Deine Seele. Aber es bedeutet Dir viel, einen gewissen Wohlstand zu erar-beiten. Allerdings ist das zweite Haus auch das Haus des Selbstwertgefühls, und Menschen mit der Sonne im zweiten Haus müssen oftmals aufpassen, dass sie sich nicht immer nur über ihre materiellen Erfolge definieren. Mit anderen Worten: Arbeite an Deiner eigenen inneren Selbstsicherheit. Auch wenn Du einmal der Menschheit eine Woche lang nicht dienst, bist Du noch ein wertvoller Mensch.

Mond und Aszendent im Schützen

Die Tatsache, dass sowohl der Mond wie auch der Aszendent im Schützen sind und der Schütze-Herrscher Jupiter in seinem eigenen Haus ist, nämlich im neunten, gibt Dir neben der Wassermann-Energie eine enorme Portion Schütze-Power, die sich gut mit der Wassermann-Energie versteht. Schütze ist ein veränderliches Feuerzei-chen und bekannt für Optimismus und Direktheit.

Der Schütze will die Grenzen ausloten; er setzt sich hohe Ziele und will ständig seinen Horizont erweitern. Das bewirkt, dass die meisten Schütze-Menschen gerne weite Reisen unternehmen. Wenn ausgewandert wird, ist immer Schütze-Energie vorhanden, es sei denn, man wandert aus, weil man vor etwas fliehen will. Der Schütze ist der Weltbürger, Globetrotter und Zigeuner. Er interessiert sich für Philosophie und sucht überall einen Sinn, auch hinter Schicksalsschlägen. Man könnte sagen, der Schütze sei eine Sinnsuch-Maschine.

Schütze-Menschen sind die besten Lehrer, die man sich vorstellen kann. Und auch Publikationen gehören zur Schütze-Energie. Da muss man natürlich immer schauen, ob das wirklich das geschriebene Wort bedeutet. Bei Dir sicher, denn Du hast enorm viel Luft, und da der Kommunikations-Planet Merkur und der Kreativitäts-Planet Venus im nüchternen und strukturierten Steinbock sind, passt es sehr gut, dass Du bekannt bist für klar verständliche Sachbücher. Wären diese Planeten in den Fischen, würde ich auf Fantasy-Romane und Filmdrehbücher tippen. Wer starke Schütze-Energie besitzt, aber wenig Luft, der publiziert halt auf andere Weise. Kombiniert mit dem genießerischen Stier könnte ein Kochbuch entstehen; kombiniert mit der grafisch affinen Waage ein Fotobuch; der kinderliebende Löwe könnte ein Kinderbuch publizieren, und so weiter. Aber wie gesagt, bei Dir wird es wohl das geschriebene Wort sein, dem Du Dich mit Leidenschaft widmest.

Der Schütze findet immer einen Weg. Wenn man ihm sagt, dies und jenes würde nicht gehen, fühlt er sich besonders herausgefordert und will beweisen, dass es einen Weg gibt.

Mond im zwölften Haus

Das zwölfte Haus ist das Haus, das dem Zeichen Fische entspricht. Die Kuschel- und Angstmacher-Astrologen sagen, es sei ein „schlechtes" Haus, was natürlich völliger Blödsinn ist. Das zwölfte Haus steht für Mystik, Meditation und sozialen Rückzug bis zur Einsiedelei. Fische ist das Zeichen, das über die eigenen Ich-Grenzen hinaus sieht und sich mit dem „großen Ganzen" verbindet. Das ist der Teil in Dir drin, der die Stille sucht, nachdem er sich der Menschheit gewidmet hat. Es ist eine Seite, die vermutlich nur Du kennst, denn die Welt da draußen nimmt eher einen extrovertierten Hans-Peter wahr, der kein Problem damit hat, im Rampenlicht zu stehen.

Wenn Du diese Fische-Energie richtig lebst, verfügst Du über ein göttliches Navigations-System. Du kannst in der geistigen Welt nachfragen, was zu tun ist, und bekommst eine vernünftige Antwort. Wenn Fische-Energie nicht richtig gelebt wird, kommt es aufgrund der durchläßigen Ich-Grenzen dazu, dass der Fische-Mensch nicht richtig weiß, wer er ist, und dann spielt er sich und anderen ein Leben lang etwas vor. Viele machen das zu ihrem Beruf und werden Schauspieler. Im weniger harmlosen Fall kommt es zum Versuch, aus der Realität zu fliehen mit Hilfe von Drogen oder Alkohol. Ich nehme an, dass Letzteres bei Dir nicht der Fall ist, denn erstens ist es nicht wirklich das Zeichen Fische, das bei Dir stark vertreten ist, sondern das zwölfte Haus, und das spricht eher für soziale Rückzugsphasen, und zweitens hast Du durch Deine starke Steinbock-Energie einen so zuverlässigen Kontroll-Mechanismus, dass Du niemals Deine Freiheit an eine Droge verkaufen würdest.

Konjunktionen mit Lichtern und dem Aszendenten

Die Sonne und der moderne Waage-Herrscher Pholus sind nur zwei Grad auseinander; man spricht also von einer engen Konjunktion. Das gibt Dir trotz der ganzen Direktheit des Schützen und der distanzierten Wassermann-Haltung etwas Liebenswertes. Die Menschen spüren, dass sie Dir wichtig sind, und ein Teil von Dir sehnt sich nach einem harmonischen und problemlosen Umgang mit Deinen Mitmenschen. Das gilt im Berufsleben sogar noch in vermehrtem Maße, da Du das MC in der Waage hast. Aber dazu kommen wir später noch. Der Pholus steht bei mir auch für Partnerschaft. Wenn Du die Frau gefunden hast, die zu Dir passt, die Dir Deine Freiheit lässt und Deine spontanen Entscheidungen gutheißt, wirst Du ihr vermutlich sehr treu bleiben; dafür spricht auch der strenge und loyale Saturn, der exakt auf Deinem Aszendenten liegt und folglich eine Opposition zu Deinem Deszendenten bildet. Über den Deszendenten werde ich Dir gleich noch mehr verraten.

Der Mond ist nah beim Aszendenten, und da der Aszendent quasi die Maske ist, die man nach außen zeigt, und der Mond dem Herzen entspricht, kann man sagen: Du trägst Dein Herz auf der Zunge, im positiven wie auch im negativen Sinn. Wenn Du von etwas begeistert bist, überträgt sich diese Begeisterung auf Deine Mitmenschen; wenn Dich etwas ankotzt, kannst Du es auch nicht verbergen.

Mars im Domizil

Mars, der Widder-Herrscher, ist in seinem eigenen Zeichen; man sagt auch, er sei im Domizil. Das gibt Dir eine gehörige Portion Widder-Energie: Pionier sein, mutig voranschreiten, neue Wege gehen, unternehmerisch denken und einen gesunden Egoismus entwickeln, das sind die Sonnenseiten dieser Energie. Auf der Schattenseite kann sich ein Hang zu Ego-Kämpfen zeigen, die dann in sehr starkem Gegensatz stehen zu Deinen Waage-Energien. Wenn Deine Widder-Energie einen Pfeil abge-schossen hat, bist Du oft verwundert, wenn ein Pfeil zurückkommt. Etwas weniger diplomatisch ausgedrückt: Du bist besser im Austeilen als im Einstecken.

MC Waage, moderner MC-Herrscher im Wassermann im Haus 2, traditionelle Herrscherin im Steinbock im Haus 1, Konjunktion Jupiter-MC

Die Abkürzung MC steht für Medium Coeli, also Himmelsmitte oder Zenit, und der gibt in meiner Astro-Schule zusätzlich zum bisherigen Bild Auskunft darüber, was Du in beruflicher Hinsicht beachten musst, damit Du nicht nur 70, sondern 100 Prozent Erfüllung erfährst. Um Deiner Berufung auf die Spur zu kommen, musst Du also diese Energien bedienen:

- *Waage*
- *Wassermann*
- *Stier*
- *Steinbock*
- *Widder*
- *Schütze*

Die beiden Feuerzeichen deuten stark auf selbständige Erwerbstätigkeit hin, und auch der freiheitsliebende Wassermann lässt sich nicht gerne etwas vorschreiben. Stier (2. Haus) und Steinbock verlangen nach solide erarbeitetem Erfolg und einer guten Portion finanzieller Freiheit. Der Wassermann will sein technisches Geschick unter Beweis stellen, eine einzigartige Dienstleistung anbieten und dabei der Menschheit dienen. Die Waage verlangt nach Harmonie und möglicherweise auch einem Geschäftspartner.

Das Verlangen nach einem Geschäftspartner muss bei Dir nicht heißen, dass das auch gut geht, wenn Du es versuchst. Der starke Wassermann in Dir ist nämlich zu keinen faulen Kompromissen bereit, und so kann es immer wieder zum Bruch kom-men. Diese Brüche sind endgültig, denn für den Wassermann gibt es kein Zurück in die Vergangenheit.

Die Schütze-Energie durch die Konjunktion MC-Jupiter deutet oft auf einen ge-wissen Bekanntheitsgrad hin, aber vor allem auf weite Reisen, eine Lehrtätigkeit und Publikationen.

Mondknoten

Jetzt fehlt uns noch der karmische Teil. Den finde ich persönlich etwas schwierig, weil man ihn ja nicht, wie alle anderen Faktoren, überprüfen kann. Das heißt, ich kann zu Dir sagen, Du hättest in einem früheren Leben dieses oder jenes verbockt, und Du wirst mir nicht das Gegenteil beweisen können. Trotzdem möchte ich Dir die beiden Theorien verraten, die ich zum Thema „karmische Astrologie" kenne:

Die meisten Astrologen sagen, der südliche Mondknoten (☋) zeige Stärken, die man aus früheren Leben mitgenommen habe, Dinge, die man bereits gut beherrsche. Der nördliche Mondknoten (☊) weise auf eine wichtige Lebensaufgabe hin.

Der Astrologe Steven Forrest und seine Ex-Frau Jody haben dazu eine eigene Theorie. Die beiden sagen, der südliche Mondknoten weise auf etwas hin, was man in einem früheren Leben verbockt habe; die Versuchung, in diese alten Muster zurück zu fallen, sei groß. Der nördliche Mondknoten dagegen enthalte die Heilung. Er zeige, in welchem Bereich man über seinen Schatten springen müsse. Und wenn man das tue, dann gehe es einem besser als man je gedacht habe.

Das bedeutet, wenn man dem Rezept der Forrests folgen will, schaut man, in welchem Zeichen und Haus der südliche Mondknoten und sein Herrscher sind, und bastelt aus den Schattenseiten eine Gruselstory. Danach nimmt man den nördlichen Mondknoten und seinen Herrscher und bastelt mit Hilfe der Sonnenseiten das karmische Medikament.

Beide Varianten sind gewöhnungsbedürftig, und ich würde sie mit Vorsicht anwenden. Allerdings sagt Steven Forrest, ohne die Mondknoten sei beispielsweise die Radix eines Adolf Hitler nicht zu verstehen. Und das leuchtet tatsächlich ein.

Bei Dir ist der südliche Mondknoten im Stier im sechsten Haus. Seine Herrscherin, die Venus, ist im Steinbock im ersten Haus. Heißt das, Du hast Dich als Bediensteter (sechstes Haus) zu sehr von materiellem Denken (Stier) leiten lassen und dabei gefühlskalt (Steinbock) nur für Dich geschaut (erstes Haus)?

Bemerkung HPZ: Eine ähnliche Erinnerung aus einem früheren Leben habe ich tatsächlich; wer sich für meine private Reinkarnations-Forschung interessiert, liest mein Buch „Hypnose und mein Leben".

Worin bestünde dann die Heilung? Der nördliche Mondknoten ist im Skorpion im zwölften Haus. Sein moderner Herrscher (Pluto) ist im Löwen im neunten Haus. Heißt das, Du sollst Dich der Tiefenpsychologie (Skorpion) und der Meditation (zwölftes Haus) widmen und damit als Lehrer (neuntes Haus) im Rampenlicht (Löwe) stehen?

Wenn das so wäre, dann hättest Du nicht allzu viel falsch gemacht in Deinem Leben, und es würde erklären, wie jemand mit Hilfe von tiefenpsychologischer Hypnose so viel Geld verdienen kann.

Wie gesagt, ich überlasse es Dir, wie weit Du der karmischen Astrologie vertrauen willst. Tatsache bleibt: Es ist, im Gegensatz zu den anderen Horoskop-Faktoren, nicht verifizierbar.

Sagst Du mir jetzt bitte mal, wie viel Blödsinn ich erzählt habe.

Das also würdest Du zu mir sagen, wenn ich Dich für ein Astro-Coaching bezahlt hätte? Hervorragend! Da war überhaupt kein Blödsinn dabei. Wenn das so weitergeht, stelle ich Dich als Astro-Coach ein...

Jetzt bin ich wieder dran mit einem weiteren Beispiel. Dabei kann ich Dir gleich zeigen, warum ich es für so wichtig halte, dass jeder Unternehmer in Zukunft die Astrologie beherrscht. Hier ist die Radix einer 54-jährigen Frau, die sich für eine Buchhalterstelle beworben hat. Der Firmeninhaber wollte wissen, ob der Schein trüge, oder ob diese Frau wirklich so gut geeignet sei für diese Stelle wie er denke.

Gehen wir doch genau so systematisch vor wie beim ersten Beispiel. Damit lernst Du diese einfache Routine und weißt immer, wo Du beginnen sollst. Einverstanden?

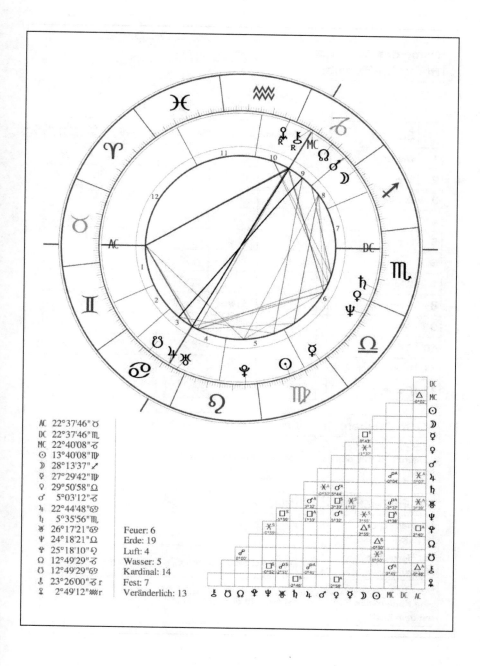

AC 22°37'46" ♉
DC 22°37'46" ♏
MC 22°40'08" ♑
☉ 13°40'08" ♍
☽ 28°13'37" ♐
☿ 27°29'42" ♍
♀ 29°50'58" ♎
♂ 5°03'12" ♑
♃ 22°44'48" ♋
♄ 5°35'56" ♏
♅ 26°17'21" ♋
♆ 24°18'21" ♎
♇ 25°18'10" ♌
☊ 12°49'29" ♑
☋ 12°49'29" ♋
⚷ 23°26'00" ♑ r
⚸ 2°49'12" ♒ r

Feuer: 6
Erde: 19
Luft: 4
Wasser: 5
Kardinal: 14
Fest: 7
Veränderlich: 13

Name des Horoskop-Eigners:	Bewerberin Buchhaltungsstelle

	Energie		im Zeichen	im Haus	Stellium	Domizil	Konjunktion mit Lichtern
1	Widder	♈					♂ X
2	Stier	♉					♀
3	Zwillinge	♊					☿ X
4	Krebs	♋					☽
5	Löwe	♌		Sonne			☉
6	Jungfrau	♍	Sonne		X	X	⚷
7	Waage	♎				X	♀
8	Skorpion	♏		Mond			♀
9	Schütze	♐	Mond				♃
10	Steinbock	♑			X		♄
11	Wassermann	♒					♅
12	Fische	♓					♆

AC im Zeichen:	Stier
Macht ein Planet eine Konjunktion mit dem AC?	entspricht dem Zeichen:

MC im Zeichen:	Steinbock
MC-Herrscher im Zeichen:	Skorpion
MC-Herrscher im Haus:	6	entspricht dem Zeichen:	Jungfrau
Macht ein Planet eine Konjunktion mit dem MC?	Chiron Pholus	entspricht dem Zeichen:	Jungfrau Waage

So weit die Vorbereitung. Und jetzt geht's ans Deuten:

Man muss kein Spitzen-Astrologe sein, um zu sehen, dass sich diese Frau extrem gut eignet für eine Buchhalter-Stelle. Sonne und Merkur in der fleißigen und detailorientierten Jungfrau, der Aszendent im geduldigen und ausdauernden Zeichen Stier, und das MC im soliden Erfolgszeichen Steinbock. Drei Mal das Element Erde, was absolut ideal ist für den Job einer Buchhalterin.

Die Aszendent-Herrscherin Venus im Zeichen Waage im sechsten Haus deutet auf eine angenehme Mitarbeiterin hin, die bei Konflikten eher schlichten hilft.

Na, was denkst Du? Ist die Frau geeignet für diese Stelle? Und ob! Selbst wenn man so weit gehen will, die karmischen Hinweise, also den nördlichen Mondknoten und seinen Herrscher, ernst zu nehmen: Die Frau ist auf dem richtigen Weg, und als Unternehmer würdest Du vermutlich das große Los ziehen, wenn Du sie anstellen würdest.

Noch ein Beispiel? Kommt sofort!

Auf der nächsten Seite siehst Du das Geburtshoroskop eines jungen Mannes, der sich bei einer Werbeagentur um einen Art-Director-Posten bewirbt. Wir gehen gleich wieder nach demselben System vor, damit wir es nicht verlernen. Okay?

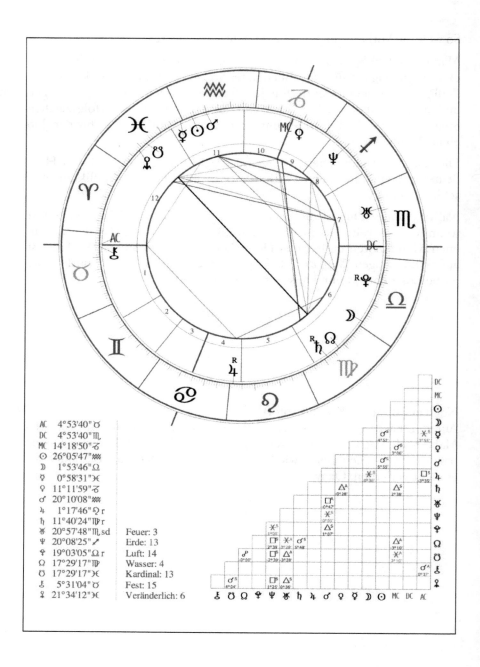

AC   4°53'40" ♉
DC   4°53'40" ♏
MC 14°18'50" ♑
☉   26°05'47" ♒
☽   1°53'46" ♎
☿   0°58'31" ♓
♀   11°11'59" ♑
♂   20°10'08" ♒
♃   1°17'46" ♌ r
♄   11°40'24" ♍ r
♅   20°57'48" ♏ sd
♆   20°08'25" ♐
♇   19°03'05" ♎ r
☊   17°29'17" ♍
☋   17°29'17" ♓
⚷   5°31'04" ♉
⚸   21°34'12" ♓

Feuer: 3
Erde: 13
Luft: 14
Wasser: 4
Kardinal: 13
Fest: 15
Veränderlich: 6

Kannst Du bereits jetzt beurteilen, ob der Mann für die Stelle geeignet ist? Stier und Waage werden beide von Venus, der Göttin der Künste, beherrscht. Das ist schon einmal nicht schlecht für einen kreativen Beruf, oder? Und der Wassermann gilt auch nicht gerade als einfallslos. Aber bleiben wir bei unserem System, das ist sicherer.

Name des Horoskop-Eigners:		Bewerber Art Director				

	Energie		im Zeichen	im Haus	Stellium	Domizil	Konjunktion mit Lichtern
1	Widder	♈					♂ X
2	Stier	♉					♀
3	Zwillinge	♊					☿ X
4	Krebs	♋					☽
5	Löwe	♌					☉
6	Jungfrau	♍		Mond	X		⚷
7	Waage	♎	Mond				♀
8	Skorpion	♏					♇
9	Schütze	♐					♃
10	Steinbock	♑					♄
11	Wassermann	♒	Sonne	Sonne	X		♅
12	Fische	♓					♆

AC im Zeichen:		Stier	
Macht ein Planet eine Konjunktion mit dem AC?	Chiron	entspricht dem Zeichen:	Jungfrau

MC im Zeichen:		Steinbock	
MC-Herrscher im Zeichen:		Jungfrau	
MC-Herrscher im Haus:	6	entspricht dem Zeichen:	Jungfrau
Macht ein Planet eine Konjunktion mit dem MC?	Venus	entspricht dem Zeichen:	Stier/Waage

Dieser junge Mann könnte sich sehr gut für den Posten als Art Director in einer Werbeagentur eignen. Sonne und Mars im Wassermann geben ihm die nötige Originalität und Kreativität sowie visionäre Eigenschaften.

Der Aszendent im Stier mit der Herrscherin Venus (Göttin der Schönheit und der Liebe) deutet ebenfalls auf einen künstlerischen Beruf hin.

Die Aszendent-Herrscherin Venus (Schönheit, Kreativität) macht eine Konjunktion zum MC im erfolgsorientierten Zeichen Steinbock.

Der Mond steht im Zeichen Waage, das für Ästhetik, Harmonie und Kreativität bekannt ist.

Der geringe Anteil an Feuer wird durch den hohen Anteil an kardinalen Zeichen wettgemacht. Chiron, der moderne Herrscher des Zeichens Jungfrau in enger Konjunktion mit dem Aszendenten deutet auf eine fleißige, ausdauernde Persönlichkeit hin.

Der MC-Herrscher Saturn befindet sich ebenfalls im fleißigen und ordentlichen Zeichen Jungfrau.

Na? Was meinst Du? Auch dieser Mann ist ein Glückstreffer, oder? Falls Dich die karmischen Informationen interessieren: Der nördliche Mondknoten ist im fünften Haus (Kreativität) in der Jungfrau (Broterwerb, nützlich sein), sein moderner Herrscher im ersten Haus (Persönlichkeit) im Stier (Kreativität, materielle Sicherheit), sein traditioneller Herrscher im Zeichen Fische (göttliche Eingebungen) im elften Haus (Teamgeist, Vision).

Zugegeben, mit dieser Mondknoten-Kombi ließen sich verschiedene Storys zusammen basteln, aber die mit dem Art Director ist nicht wirklich daneben.

Vergiss bitte nicht: Übung macht den Meister! Daher packen wir gleich noch ein viertes Beispiel an.

Diese 29-jährige Frau bewirbt sich um eine Stelle als Spitex-Angestellte. Spitex ist in der Schweiz die Bezeichnung für Krankenpflege zu Hause, eine Maßnahme zur Entlastung der Spitäler.

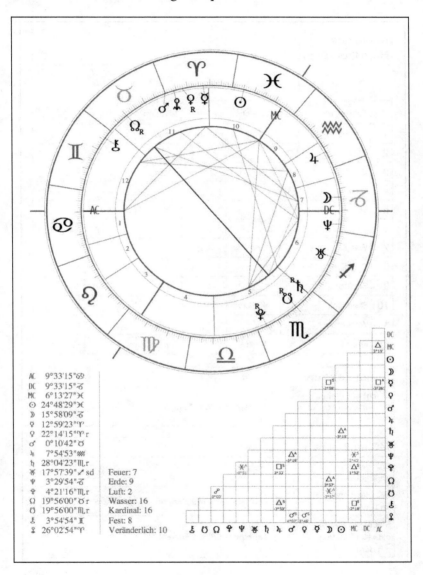

Ja, ich weiß, Du bist versucht, die Kandidatin angesichts der starken Wasserbetonung sofort einzustellen. Aber der Saturn auf meinem Aszendenten verlangt auch hier, dass wir mit der nötigen Disziplin vorgehen:

Name des Horoskop-Eigners:		*Bewerberin Spitex*

	Energie		im Zeichen	im Haus	Stellium	Domizil	Konjunktion mit Lichtern
1	Widder	♈			X		♂
2	Stier	♉					♀
3	Zwillinge	♊					☿
4	Krebs	♋					☽
5	Löwe	♌					☉
6	Jungfrau	♍					⚷
7	Waage	♎		*Mond*			♃
8	Skorpion	♏				X	♀
9	Schütze	♐					♃
10	Steinbock	♑	*Mond*	*Sonne*			♄
11	Wassermann	♒			X		♅
12	Fische	♓	*Sonne*				♆ X

AC im Zeichen:	*Krebs*
Macht ein Planet eine Konjunktion mit dem AC?	entspricht dem Zeichen:

MC im Zeichen:	*Fische*
MC-Herrscher im Zeichen:	*Steinbock*
MC-Herrscher im Haus:	6 · entspricht dem Zeichen: *Jungfrau*
Macht ein Planet eine Konjunktion mit dem MC?	entspricht dem Zeichen:

Vorbereitung erledigt. Jetzt geht's ans Deuten:

Dass diese junge Frau für eine Spitex-Pflegestelle geeignet ist, sieht auch ein Fast-Laie auf einen Blick. Die Sonne (Persönlichkeit) und das MC (Berufung) stehen beide im Helfer-Zeichen Fische. Der Aszendent ist ebenfalls in einem (empathischen) Wasserzeichen, nämlich dem Krebs, der auch für das „Zuhause" steht. Das kann auch das Zuhause anderer bedeuten, weshalb viele krebsbetonte Menschen im Immobilienmarkt anzutreffen sind, oder eben, wie hier, im Heim-Pflegemarkt.

Sowohl der Herrscher des Sonnenzeichens (Neptun) wie auch der AC-Herrscher (Mond) sind nahe beim Deszendenten; das heißt, diese Person ist stark auf das Du orientiert, allerdings mit der nötigen Sachlichkeit (Steinbock), was das Helfersyndrom des Zeichens Fische etwas abmildert. Auch die beiden persönlichen Planeten Merkur und Venus im Zeichen Widder deuten darauf hin, dass bei allem Mitgefühl bei dieser Frau eine gesunde Abgrenzung gewährleistet ist.

Der Profi-Astrologe würde noch viel mehr sehen, was auf eine Eignung hindeutet. Aber bereits diese wenigen, einfachen Hinweise können für den Personalchef, der sie einstellt, Gold wert sein.

Anhand dieser Frau kann ich Dir noch etwas zeigen, was den Personalchef nicht zu interessieren braucht, aber für das Privatleben wichtig sein kann. Gehemmte Energien können sich auf drei Arten ausdrücken:

- Rückläufige Planeten
- Planeten im Exil

Wenn bei einem Planeten einer dieser Faktoren gegeben ist, *kann* es sein, dass die Hemmung spürbar ist, das heißt, dass die entsprechende Energie sich erst später im Leben entfalten kann. Wenn beide Faktoren gegeben sind, ist die Wahrscheinlichkeit dafür sehr groß.

In den Fällen, wo beispielsweise der Merkur rückläufig und auch noch im Exil war, habe ich das jeweils so gedeutet, dass dieser Mensch früher in Sachen Kommunikation (Merkur-Eigenschaft) extrem gehemmt war. Es war jedes Mal korrekt.

In unserem Beispiel ist das bei der Venus der Fall. Die Venus steht für Beziehungen und bei Frauen auch für die Weiblichkeit. Vorsichtig formuliert: Diese Frau wird sich wohl erst in späteren Jahren, also nach der Lebensmitte, erlauben, ganz Frau zu sein. Wie sich das ausdrückt? Vermutlich in einer ablehnenden Haltung gegenüber Beziehungen. Der Freiheitsdrang ihrer Wassermann-Energie wird da noch ein Übriges dazu tun.

Ich warne aber nochmals: Drücke Deinen Klienten nichts aufs Auge! Lerne bitte so rasch wie möglich, solche Dinge permissiv auszudrücken, zum Beispiel so: „Die Venus ist quasi in zweierlei Hinsicht gehemmt. Solche Konstellationen deuten bei Frauen oft darauf hin, dass sie eine Weile brauchen, um sich mit ihrer weiblichen Rolle zurechtzufinden. Wie ist das bei Dir?"

Wie gesagt, für die berufliche Eignung ist das irrelevant. Das würdest Du höchstens erwähnen, wenn es sich um ein privates Coaching handelt.

So, jetzt hast Du drei Beispiele von geeigneten Stellenbewerbern erlebt. Wie bitte? Du möchtest auch einmal ein Beispiel von einer ungeeigneten Kandidatin sehen? Ganz einfach: Tausche diese drei Horoskope aus. Stelle Dir vor, Frau Exacto bewirbt sich als Art Director, Herr Creativo als Spitexler, und Frau Pfleglich will Buchhalterin werden. Siehst Du, wie der Hase läuft?

Hast Du Lust auf ein paar Radices von Promis? Das machen wir gleich. Aber vorher wird es höchste Zeit, Dir etwas zum Thema „Gegensätze" beizubringen.

Ernsthafte Lerner fassen hier das Kapitel zusammen:

Was heißt hier „Gegensätze"?

Beim ersten Betrachten eines Geburtshoroskops solltest Du Dich immer fragen: „Gibt es in dieser Grafik Kräfte, die in starkem Gegensatz zueinander stehen?" Was das bedeutet? Hier kommt die Antwort:

Krebs-Schütze-Gegensätze

Stell' Dir vor, einer Deiner Klienten hat etwa gleich viel Krebs- wie Schütze-Energie. Der eine ist wahnsinnig gern zu Hause, den anderen lockt die Ferne. Wie bringst Du das unter einen Hut? Ganz einfach: Du klärst Deinen Kunden darüber auf, dass das starke Gegensätze sind.

Ich sage immer: „Vielleicht hast du das, gerade in jungen Jahren, oft als inneren Kampf erlebt. Aber es muss kein Kampf sein; man kann diese Energien einfach als wichtige Ressourcen sehen. Möglicherweise erlebst du sie situativ unterschiedlich oder auch zeitlich. Mit anderen Worten: Vielleicht gibt es Situationen, in denen mehr der Krebs und andere, in denen mehr der Schütze im Vordergrund steht, und vielleicht wechseln sie sich zeitlich ab." Auch eine Kombination kann möglich sein. Den Schützen in dir zieht es weit weg, aber du möchtest im Ausland nicht im Hotel absteigen; deine Krebs-Energie will dort auch ein kuschliges Zuhause haben. Oder du fährst gerne weit weg, genießt es jedoch unheimlich, wieder nach Hause zu kommen.

Zwillinge-Skorpion-Gegensätze

Stell' Dir vor, einer Deiner Klienten hat etwa gleich viel Zwillinge- wie Skorpion-Energie. Der eine ist der geborene Party-Smalltalker und plaudert leicht Geheimnisse aus, der andere hasst Oberflächlichkeit wie die Pest und ist bekannt für seine Verschwiegenheit. Wenn Du Deinen Klienten damit konfrontierst, wirst Du sehr viel über ihn erfahren. Er wird Dir sagen, wo und wann er mehr der Zwilling ist, und in welchen Situationen seine Skorpion-Energie zum Vorschein kommt.

Allein dadurch, dass Du Deinen Klienten auf diese Diskrepanz hinweist, tust Du schon sehr viel Gutes. Nicht selten höre ich Rückmeldungen wie diese: „Früher habe ich gemeint, etwas sei mit mir nicht in Ordnung. Jetzt weiß ich immer, was mit mir los ist." Das gilt ganz besonders auch für den Gegensatz Widder-Waage...

Widder-Waage-Gegensätze

Stell' Dir vor, einer Deiner Klienten hat etwa gleich viel Widder- wie Waage-Energie. Der eine kann sich gut abgrenzen, verfügt über einen gesunden Egoismus, ist von Natur aus mutig und scheut keine Konflikte. Der andere nimmt Rücksicht auf andere, mag es möglichst harmonisch und ausgeglichen. Ein innerer Kampf? Ab heute nicht mehr! Ab heute sind es wertvolle Ressourcen.

Widder-Fische-Gegensätze

Ist es nicht erstaunlich? Zwei Zeichen, die im Tierkreis unmittelbare Nachbarn sind, aber gegensätzlicher nicht sein könnten? Daher ist es manchmal ein Leichtes für mich, festzustellen, dass die Geburtszeit, die mir ein Klient angibt, unmöglich stimmen kann. Ob nämlich der Aszendent noch in den Fischen ist oder bereits im Widder, da sind Welten dazwischen. Widder-Energie hat die dichtesten Ego-Grenzen, Fische-Energie die durchlässigsten. Widder-Energie ist zum Egoismus geboren, Fische-Energie zum Altruismus. Widder-Energie setzt Grenzen, Fische-Energie löst sie auf. Fische-Energie neigt zum Helfer-Syndrom, Widder ist weit davon entfernt.

Löwe-Jungfrau-Gegensätze

Auch hier haben wir es mit zwei Nachbarn zu tun, die gegensätzlicher nicht sein könnten. Löwe kümmert sich nicht so sehr um Details, sondern gibt die grobe Linie vor, Jungfrau ist geradezu versessen auf Details. Löwe lässt sich gern bedienen, Jungfrau dient gern. Löwe steht gern im Rampenlicht, Jungfrau stellt ihr Licht unter den Scheffel und steht nicht gern im Mittelpunkt, möchte lieber die zweite Geige spielen und das fleißige Lieschen im Hintergrund sein.

Grundsätzliches

Ich habe bisher keinen großen Wert auf das Thema „männliche und weibliche Zeichen" gelegt, aber ich denke, hier wäre ein passender Moment, um Dich auch darüber kurz aufzuklären. Man unterscheidet grundsätzlich zwischen „weiblichen" (Erde, Wasser) und „männlichen" (Feuer, Luft) Zeichen. Wobei hier nicht wirklich das Geschlecht gemeint ist, sondern eher das, was die alten Chinesen der Yin- und Yang-Energie zugeschrieben haben. Somit würde folgende Einteilung gelten:

weiblich, empfangend, Hang zu Introversion	Sternzeichen
♉	Stier
♋	Krebs
♍	Jungfrau
♏	Skorpion
♑	Steinbock
♓	Fische

männlich, gebend, Hang zu Extraversion	Sternzeichen
♈	Widder
♊	Zwillinge

männlich, gebend, Hang zu Extraversion	Sternzeichen
♌	Löwe
♎	Waage
♐	Schütze
♒	Wassermann

Nicht vergessen: Es handelt sich hier um eine grobe Einteilung. Die Zeichen sind in unterschiedlichem Maße introvertiert oder extravertiert.

Selbstverständlich gibt es noch weitere Gegensätze, die jedoch meiner Meinung nach nicht ganz so ausgeprägt sind. Trotzdem finde ich, dass es zum Verständnis der verschiedenen Energien beiträgt, wenn ich sie hier erwähne:

Der Löwe tut vieles, um Applaus zu ernten, der Wassermann sollte darauf nicht angewiesen sein. Zwillinge sammeln Wissen, Schützen geben es weiter. Zwillinge, Wassermann und Schütze können leichter loslassen als zum Beispiel Stier, Krebs und Skorpion, die ein wenig zum Klammern neigen.

Aber jetzt höre ich damit auf, bevor es in den vagen Aussagen mündet, die der Astrologie ihren schlechten Ruf verpasst haben. Nochmals mein Aufruf: Entwickle ein Gefühl für die einzelnen Energien, das ist das Allerwichtigste!

Ernsthafte Lerner fassen hier das Kapitel zusammen:

Diese armen Promis!

Für alles müssen sie herhalten, diese armen Celebrities. Kein Privatleben, gar nichts. Noch nicht einmal die Geburtsdaten können sie geheim halten. Einer hat's zwar geschafft, dass niemand seine Geburtszeit kennt, aber Du wirst gleich sehen, dass man mit ein wenig astrologischer Kenntnis selber drauf kommen kann, welche Zeiten in Frage kommen.

Es handelt sich um Stefan Raab. Ich nehme an, Du kennst ihn. Ursprünglich Metzger, begnadeter Musiker, steht gern im Rampenlicht und ist eine Kampfsau. Was also muss da vertreten sein?

Für Kunst und Kreativität kommt in Frage...	Für das Rampenlicht kommt in Frage...	Für die Kampfsau kommt in Frage...
Löwe	Löwe	Widder
Waage		
Stier		
Fische (dagegen spricht jedoch einiges, denn einen allzu altruistischen und introvertierten Eindruck macht Raab nicht)		

Wir wissen nur, dass Raab am 20. Oktober 1966 in Köln geboren ist. Seine Sonne ist demnach in der Waage, was ihn zum Musiker mit rascher Auffassungsgabe (Luft) macht. Jedoch muss die harmoniebedürftige Waage-Energie von ziemlich viel Kampf-Energie übertüncht sein, und dazu passt sehr gut die Geburtszeit 0 Uhr 20.

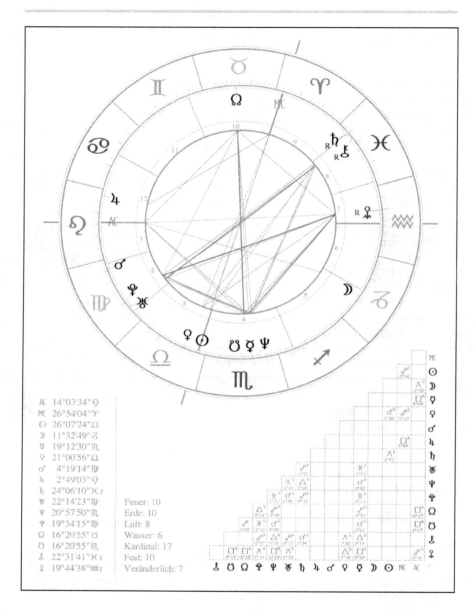

AC 14°03'34" ♌
MC 26°54'04" ♈
☉ 26°07'24" ♎
☽ 11°32'49" ♑
☿ 19°12'30" ♏
♀ 21°00'56" ♎
♂ 4°19'14" ♍
♃ 2°49'03" ♌
♄ 24°06'10" ♓ r
♅ 22°14'23" ♍
♆ 20°57'50" ♏
♇ 19°34'15" ♍
☊ 16°20'55" ♉
☋ 16°20'55" ♏
⚷ 22°31'41" ♓ r
⚵ 19°44'38" ♒ r

Feuer: 10
Erde: 10
Luft: 8
Wasser: 6
Kardinal: 17
Fest: 10
Veränderlich: 7

Stefan Raab, 20. Oktober 1966, Köln (meine Vermutung: 0 Uhr 20)

Falls diese Geburtszeit stimmt, dann würde ich sagen, Stefan Raab ist privat viel milder als das seinem Bühnen-Ich entspricht. Man weiß ja auch gar nichts über ihn, was sein Privatleben angeht, außer dem Gerücht, er sei seit etlichen Jahren verheiratet und habe Kinder.

Pholus, der Partnerschafts-Planet war zu seiner Geburt rückläufig, was ich so deuten würde, dass er in Sachen Frauen eher ein Spätzünder war und möglicherweise die erste Frau geheiratet hat, die er näher kennengelernt hat. Dieser ist er absolut treu, und auch seine Spiritualität (Neptun) kommuniziert (Merkur) er nur privat (viertes Haus). Er wirkt ja, im Gegensatz zu gewissen Kollegen, nicht wirklich wie einer, der gerne flirtet.

Nach außen hin kommt er als Rampensau rüber (AC Löwe Konjunktion Jupiter). Und beruflich kommt der Ehrgeiz (MC Widder), das Geldverdienen (MC-Herrscher im zweiten Haus) und der Erfolg (Mond im Steinbock) gut zur Geltung. Der Mond im fünften Haus gibt nochmals eine Portion Löwe dazu. Im Koch-Häusersystem wäre sein Mars im ersten Haus, was die Kampf-Energie noch zusätzlich betonen würde.

Sonne und Venus im dritten Haus in der Waage machen ihn zum charmanten Plauderer. Venus im Domizil gibt ihm zusätzlich eine Portion Flair für die Kunst und das Schöne. In seinem Fall ist das die Musik, und waagebetonte Musiker empfinden in der Regel ein intellektuelles Vergnügen beim Musikmachen. Auch das scheint mir bei Raab zuzutreffen. Was für Musiker gibt es sonst noch? Stierbetonte, das wären eher triebhafte Musiker, und fischebetonte, das sind die mit den göttlichen Eingebungen, die beim Musizieren vollständig mit dem All verschmelzen. Die beiden letzten Varianten kann ich mir bei Raab schlecht vorstellen, und es spricht doch einiges für den intellektuellen Approach.

Raab hat aber auch ein paar total introvertierte Seiten, falls dieses Horoskop stimmt. Der Merkur (Kommunikation) im Skorpion (tiefgründig) im vierten Haus (Familie) deutet darauf hin, dass er gewisse Dinge nur im sehr privaten Rahmen kundtut. Wenn er an irgend etwas Höheres glaubt (Neptun), dann erzählt er das sicher nicht öffentlich. Er ist ja bekannt dafür, dass er mit seinen Berufskollegen keine privaten Kontakte pflegt. Dieser starke Gegensatz zwischen der Marke Raab und dem privaten Stefan wird hier sehr deutlich. Und nur weil einer in einer Sendung von Raab geduzt wurde, sollte er sich nicht einbilden, dass sie jetzt beste Freunde sind oder dass er ihn ansprechen sollte, wenn man sich im Supermarkt trifft.

Der rückläufige Chiron, der erst noch in seinem Exil ist, würde zeigen, dass Raab sich nicht so gern mit Details abgibt (ich glaube, im Delegieren ist er ein Meister), und da Chiron auch für diejenigen Astrologen, die ihn noch nicht als Herrscher der Jungfrau anerkennen, mit alten Wunden zu tun hat, würde ich sagen, er mag sich nicht um diese kümmern, vielleicht erst später im Leben. Er wirkt ja auch sehr robust und schier unverwüstlich, aber man darf trotz allem nicht vergessen, dass hinter der harten Schale ein weicher Kern steckt. Und das Demonstrieren von Stärke nach außen kann sehr viel damit zu tun haben, dass er einen undurchdringlichen Panzer braucht.

Ein Jahr nach der ersten Auflage dieses Buches verabschiedete sich Stefan Raab auf dem Höhepunkt seines Erfolgs vom Bildschirm. Für viele kam das überraschend; für mich nicht. Folgendes schrieb ich in meinem Blog:

> Meine Vermutung, dass der Stefan Raab, wie wir ihn kennen, eine Marke ist, die der Mann hinter der Maske gut gepflegt und vermarktet hat, und dass der wahre Raab den Glamour des Show-Business nicht dringend braucht, hat dadurch eine Bestätigung erfahren.

> Total spannend sind auch Raabs Solar-Horoskope der vergangenen und der nächsten Jahre:

> Stefan Raabs Solarhoroskop des Jahres 2013 wies nicht nur einen Skorpion-Aszendenten auf, sondern ein Skorpion-Stellium (eine Planetenhäufung).
> Während er beruflich noch auf der pragmatischen Seite war (Solar-MC Jungfrau), lechzte seine private Seite nach mehr Tiefgang (Skorpion). In diese Zeit fällt Raabs erste Moderation eines politischen TV-Duells.

Über das Solar-Horoskop werde ich Dir später mehr verraten. Vorläufig nur so viel: Das Solar-Horoskop zeigt die Schwerpunkte der Entwicklung in diesem Solarjahr. Das Solarjahr geht von Geburtstag zu Geburtstag.

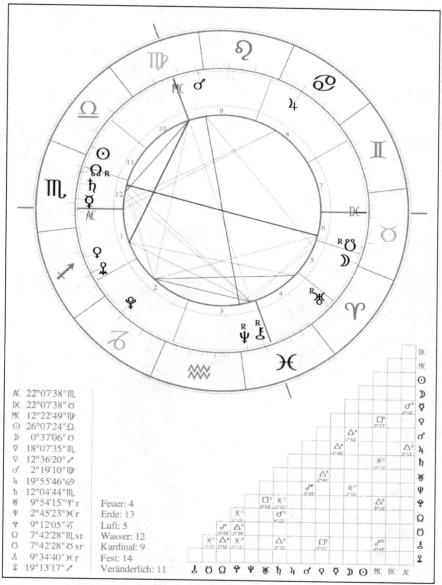

AC 22°07'38" ♏
DC 22°07'38" ♉
MC 12°22'49" ♍
☉ 26°07'24" ♎
☽ 0°37'06" ♉
☿ 18°07'35" ♏
♀ 12°36'20" ♐
♂ 2°19'10" ♍
♃ 19°55'46" ♋
♄ 12°04'44" ♏
♅ 9°54'15" ♈ r   Feuer: 4
♆ 2°45'23" ♓ r   Erde: 13
♇ 9°12'05" ♑   Luft: 5
☊ 7°42'28" ♏ sr   Wasser: 12
☋ 7°42'28" ♉ sr   Kardinal: 9
⚷ 9°34'40" ♓ r   Fest: 14
⚴ 19°13'17" ♐   Veränderlich: 11

Stefan Raabs Solar-Horoskop 2013, gültig vom 20. Oktober 2013 bis zum 20. Oktober 2014

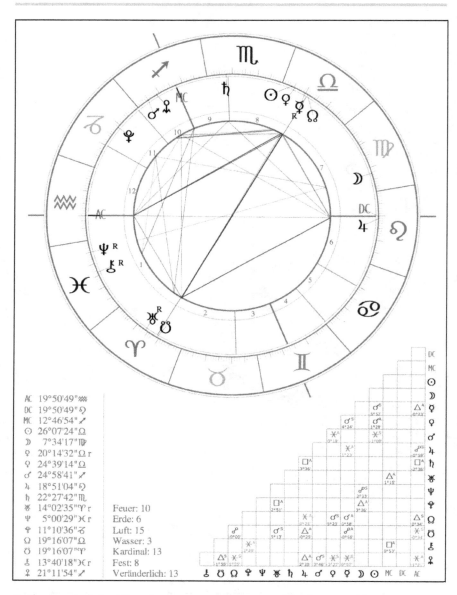

Stefan Raabs Solar-Horoskop 2014, gültig vom 20. Oktober 2014 bis zum 20. Oktober 2015

Stefan Raabs Solarhoroskop 2014 (das war zum Zeitpunkt dieses Blog-Beitrags das aktuelle) zeigt nicht nur die Sonne im achten Haus (Skorpion), sondern wiederum ein Stellium. Das achte Haus verlangt nach Tiefgang. Privat könnte es auch eine Intensivierung seiner ehelichen Beziehung und die Entdeckung völlig neuer Ebenen leidenschaftlicher Sexualität bedeuten. Ob Letzteres tatsächlich zutrifft, werden wir vermutlich nie erfahren.

Der Solar-AC im Wassermann bedeutet wahrscheinlich, dass Raab jetzt noch mehr sein eigenes Ding durchzieht und keine Kompromisse an die einst geschaffene Marke Raab mehr eingehen will. Das MC im Schützen mit dem MC-Herrscher in enger Konjunktion zum Deszendenten deutet für mich auf eine weite Reise zusammen mit seiner Familie hin. Ich werde den Verdacht nicht ganz los, dass Raab ein bisschen Angst hatte, durch seinen extremen Stundenplan irgendwann sein Leben zu verpassen. Die Schütze-Energie weckt den Abenteurer in ihm. Wenn sie nicht in Richtung Reisen ausgelebt wird, dann könnte ich mir vorstellen, dass es zu einer wichtigen Publikation kommt, an der vielleicht auch seine Frau beteiligt ist, oder dass Raab seine pädagogische Ader entdeckt und irgendwann eine Moderatoren-Schule eröffnet.

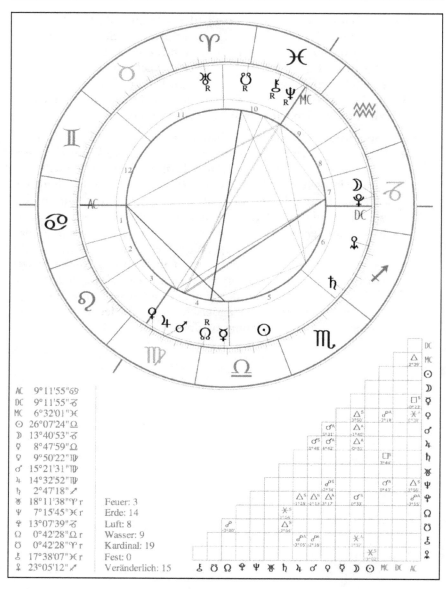

AC   9°11'55"♋
DC   9°11'55"♑
MC   6°32'01"♓
☉   26°07'24"♎
☽   13°40'53"♑
☿   8°47'59"♎
♀   9°50'22"♍
♂   15°21'31"♍
♃   14°32'52"♍
♄   2°47'18"♐
♅   18°11'38"♈ r   Feuer: 3
♆   7°15'45"♓ r   Erde: 14
♇   13°07'39"♑   Luft: 8
☊   0°42'28"♎ r   Wasser: 9
☋   0°42'28"♈ r   Kardinal: 19
⚷   17°38'07"♓ r   Fest: 0
♀   23°05'12"♐   Veränderlich: 15

Stefan Raabs Solar-Horoskop 2015, gültig vom 20. Oktober 2015 bis zum 20. Oktober 2016

Die Sonne im Solarhoroskop 2015 ist im fünften Haus (Löwe). Das könnte zwar bei einem Menschen wie Raab nach wie vor auf Rampenlicht hindeuten, aber da er davon gerade ein wenig die Nase voll hat, vermute ich eher die Schwerpunktthemen Spiel, Sport, Spaß, Freizeit und Kinder. Die Vermutung wird unterstützt durch den Aszendenten im häuslichen und familienbetonten Krebs und den AC-Herrscher im siebten Haus der Partnerschaft.

Das MC, zusammen mit seinem Herrscher, im Zeichen Fische könnte auf ein Filmprojekt hindeuten. Aber da ich dem privaten Raab bereits eine deutlich spirituellere Einstellung zugebilligt habe, als man es nach außen hin für möglich halten würde, vermute ich einfach mal, dass Raab seinen Tiefgang auch im Beruf vermehrt kommunizieren wird. Mit anderen Worten: Die Diskrepanz zwischen der Marke Raab und dem eigentlichen Stefan Raab hängt ihm zum Hals heraus. Die tiefgründige und transformatorische Skorpion-Energie wird ihm in den nächsten Solar Returns noch ein wenig treu bleiben, und ich glaube, dass wir in ein paar Jahren sein Comeback in einem völlig neuen Segment mit mehr Tiefgang erwarten können.

Fazit: Die Unternehmer-Energie von Raab hat mich immer schon beeindruckt. Und dass er sich davon nicht in den Burnout jagen lässt, macht ihn für mich noch um einiges sympathischer.

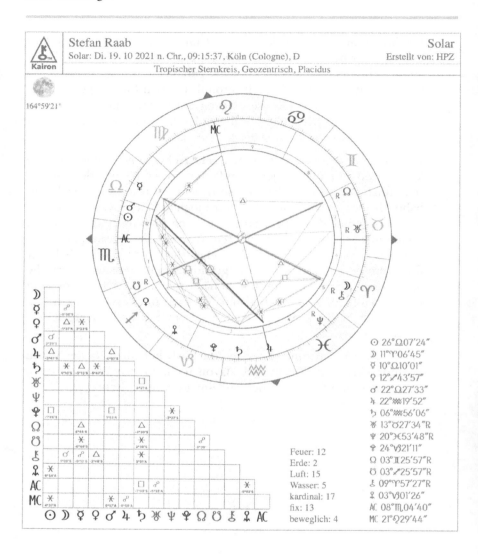

	Stefan Raab													Solar
Kairon	Solar: Di. 19. 10 2021 n. Chr., 09:15:37, Köln (Cologne), D												Erstellt von: HPZ	
	Tropischer Sternkreis, Geozentrisch, Placidus													

164°59'21"

☉ 26°♎07'24"
☽ 11°♈06'45"
☿ 10°♎10'01"
♀ 12°♐43'57"
♂ 22°♎27'33"
♃ 22°♒19'52"
♄ 06°♒56'06"
♅ 13°♉27'34"R
♆ 20°♓53'48"R
♇ 24°♑21'11"
☊ 03°♊25'57"R
☋ 03°♐25'57"R
⚷ 09°♈57'27"R
⚸ 03°♑01'26"
AC 08°♏04'40"
MC 21°♌29'44"

Feuer: 12
Erde: 2
Luft: 15
Wasser: 5
kardinal: 17
fix: 13
beweglich: 4

Nachtrag 2022: Wie Du vielleicht weißt, ist Raab nach sieben Jahren Pause zurück in der TV-Welt. Allerdings nicht vor, sondern hinter der Kamera, genauer gesagt, als Produzent. Kannst Du erkennen, was im aktuellen Solar-Horoskop darauf hindeutet, dass er zwar wieder ein wenig die Sau rauslassen, diesmal aber im Hintergrund wirken will?

Bereit für einen weiteren Promi? Diesmal sage ich nicht, um wen es sich handelt. Nur so viel: Es ist eine Frau. Wir wollen zuerst eine ganz normale Vorbereitung anhand unseres Schemas durchführen und dann versuchen zu erraten, wessen Radix das ist. Einverstanden?

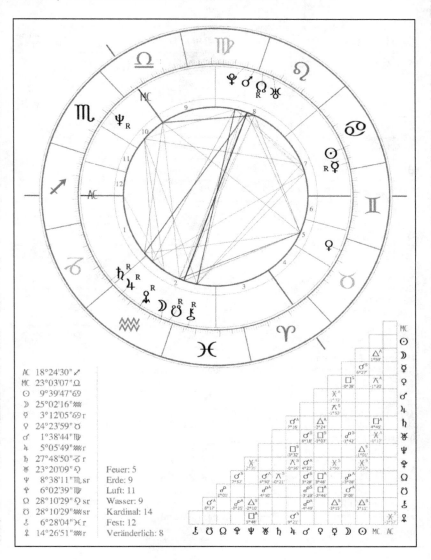

AC 18°24'30" ♐
MC 23°03'07" ♎
☉ 9°39'47" ♋
☽ 25°02'16" ♒
☿ 3°12'05" ♋ r
♀ 24°23'59" ♉
♂ 1°38'44" ♍
♃ 5°05'49" ♒ r
♄ 27°48'50" ♑ r
♅ 23°20'09" ♌
♆ 8°38'11" ♏ sr
♇ 6°02'39" ♍
☊ 28°10'29" ♌ sr
☋ 28°10'29" ♒ sr
⚷ 6°28'04" ♓ r
♀ 14°26'51" ♒ r

Feuer: 5
Erde: 9
Luft: 11
Wasser: 9
Kardinal: 14
Fest: 12
Veränderlich: 8

	Name des Horoskop-Eigners:			???			

	Energie		im Zeichen	im Haus	Stellium	Domizil	Konjunktion mit Lichtern
1	Widder	♈					♂
2	Stier	♉		Mond		X	♀
3	Zwillinge	♊					☿ X
4	Krebs	♋	Sonne				☽
5	Löwe	♌					☉
6	Jungfrau	♍					⚷ X
7	Waage	♎	Sonne				♀ X
8	Skorpion	♏			X		♇
9	Schütze	♐					♃
10	Steinbock	♑				X	♄
11	Wassermann	♒	Mond		X		♅
12	Fische	♓					♆

AC im Zeichen: Schütze

Macht ein Planet eine Konjunktion mit dem AC?	entspricht dem Zeichen:

MC im Zeichen: Waage

MC-Herrscher im Zeichen:	Wassermann	
MC-Herrscher im Haus:	2	entspricht dem Zeichen: Stier
Macht ein Planet eine Konjunktion mit dem MC?	entspricht dem Zeichen:	

Alles klar? Ich will Dich nicht länger auf die Folter spannen. Nur so viel vorweg: Ich habe mich über diese Frau immer lustig gemacht. Doch hat mich mein eigenes Werkzeug, also meine Deutungs-Anleitung, umgestimmt. Ich habe jetzt sehr viel Verständnis für diesen Menschen, und das liegt nicht nur daran, dass wir die Wassermann- und die Schütze-Energie sowie den Waage-MC und den Zwillinge-DC gemeinsam haben.

Es handelt sich um Diana Spencer, besser bekannt als Lady Di. Sie ist am 1. Juli 1961 um 19:45 Uhr in Sandringham/Großbritannien geboren und am 31. August 1997 in Paris bei einem Autounfall gestorben, nachdem sie mit ihrem damaligen Freund Dodi Al-Fayed im Pariser Hotel Ritz zu Abend gegessen hatte.

Da sie nur 36 Jahre alt wurde, hat sie die besten Jahre ihres Lebens leider nicht erlebt. Dazu hätte gehört, dass sie ihre alten Wunden anschaut und heilt, an ihrem Selbstwert arbeitet und ein Gefühl dafür entwickelt, welcher Partner zu ihr passt. Es ist wahrscheinlich so, wie ich schon immer gesagt habe: Das einseitig materielle Sicherheitsbedürfnis ihrer Zweithausbesetzung hat sie vergessen lassen, dass weder Prinz Charles noch ihr Leibwächter Barry Mannakee noch Dodi Al-Fayed für sie geeignete Partner waren.

A propos zweites Haus und Selbstwertgefühl. Dianas Mutter sagte einmal in der Zeit, als Diana langsam aber sicher berühmt und beliebt wurde: „Sie war nicht allzu selbstbewusst, aber ihr war klar, dass sie eine besondere Gabe hatte, auf Menschen zuzugehen, und sie nutzte diese Gabe reichlich."

Macht Spaß, oder? Ich muss sagen, ich bin selbst begeistert, was dieses tolle Werkzeug zu bewirken vermag. Es passiert mir immer wieder, dass ich nach einer ganz nüchternen Astro-Analyse schlagartig über wesentlich mehr Verständnis für einen Mitmenschen verfüge.

Wie bitte? Du willst noch einen Promi unter die Lupe nehmen? Also gut, wir machen noch deren zwei, aber dann ist Schluss. Denn ich will Dir noch etwas erzählen zu Transiten und Progressionen, die ich übrigens nicht für Zukunftsvorhersagen, sondern zur Krisenbewältigung einsetze.

Und schließlich sollten wir uns noch das Thema „Solar-Horoskope" näher anschauen, denn damit kannst Du Deine Klienten auf Schwerpunkte ihrer Persönlichkeits-Entwicklung hinweisen. Ein Türöffner erster Güte!

Als nächstes wollen wir uns Michael Jackson vornehmen. Und damit es abwechslungsreich bleibt, zäumen wir das Pferd nochmals vom Schwanz her auf. Was wissen wir über den King of Pop? Er war ein absoluter Perfektionist. Welches Zeichen muss also stark vertreten sein? Richtig, die Jungfrau. Welche Zeichen stehen für Musik, Tanz, Kreativität und Rampenlicht? Löwe mit Sicherheit. Stier ist denkbar. Merkur und Venus, verantwortlich für kreativen Selbstausdruck, werden in einem extravertierten Zeichen stehen. Michael Jackson hatte eine dünne Haut, wortwörtlich und im übertragenen Sinne. Was passt hierzu und auch zu seiner großen Hilfsbereitschaft? Richtig, Fische. Überhaupt erwarte ich relativ viel Wasser bei ihm.

Daneben müsste in seinem Geburtshoroskop ersichtlich sein, dass er sein Leben der Karriere gewidmet hat. Als superintellektuell würde ich ihn nicht einstufen, also eher wenig Luft; allerdings könnte von der nervösen „veränderlich"-Energie doch einiges vorhanden sein. Womit ich Dir gezeigt habe, dass das Gleichsetzen von „Luft" und „veränderlich" nur bis zu einem gewissen Grad zulässig ist.

Bist Du bereit für Michael Jacksons Radix? Er ist am 29. August 1958 um 12:44 Uhr in Gary (USA) geboren, und auf der nächsten Seite lüfte ich das Geheimnis...

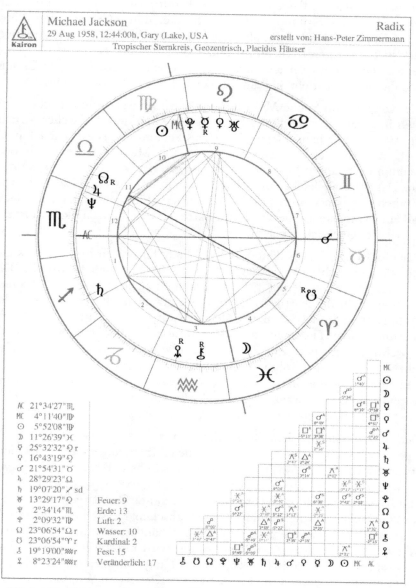

Michael Jackson, 29. August 1958, 12:44, Gary (USA)

Ich nehme mal an, das überrascht Dich mittlerweile nicht mehr, oder? Auf dem Karrierepunkt (MC) die Sonne, den AC-Herrscher Pluto (Gründlichkeit, Radikalität, alles oder nichts), und den Merkur (kreativer Ausdruck). Letzterer wiederum bildet eine Konjunktion mit der Muse Venus. Die wiederum macht eine Konjunktion mit dem freakigen Uranus. Und das alles bildet ein Stellium im Zeichen Löwe (Show-Business).

Die Konjunktion Sonne-MC-Pluto natürlich im perfektionistischen Zeichen Jungfrau. Für die dünne Haut ist der Mond in den Fischen zuständig. Wenn Du anhand meines Deutungs-Schemas vorgehst, wirst Du auf noch mehr interessante Details stoßen. Ob Michael Jackson mit dem Stellium im neunten Haus etwas angefangen hat, kann ich nicht beurteilen. Das wäre vielleicht ein Bereich, in dem er sein Potenzial nicht verwirklicht hat. Dass er oft weite Reisen unternehmen musste, ist in seinem Fall ein wenig banal. Aber vielleicht hätte ihn eine Lehrtätigkeit in irgend einer Form glücklich gemacht.

Der rückläufige Pholus deutet, wie bei Lady Di, darauf hin, dass das Gefühl für den richtigen Partner sich erst später im Leben einstellt. Der rückläufige Chiron deutet für mich darauf hin, dass er sich mit seinen Wunden nicht beschäftigen wollte. Das erstaunt mich sowieso bei vielen Prominenten: Sie hätten alles Geld der Welt, um sich die besten Therapeutinnen oder Therapeuten zu leisten, aber sie flüchten sich lieber in Abwehrmechanismen. Zur Zeit, wo ich die erste Auflage dieses Buches schrieb, war gerade Robin Williams gestorben, ein weiterer Promi, der nach außen hin alles hatte, was sich ein Mensch wünschen kann, aber mit seinem Leben nie klarkam. Seine Radix hat übrigens, wie Du gleich sehen wirst, etliche Gemeinsamkeiten mit der Michael Jacksons.

Den Mars direkt auf dem Deszendenten von Jacko würden einige Astrologen als Beweis dafür sehen, dass an den Missbrauchs-Gerüchten doch etwas dran war. So etwas wie einen astrologischen „Beweis" gibt es zwar nicht, aber die Aussagen von zwei seiner Opfer, wie sie Jahre nach seinem Tod in einem berühmt gewordenen Dokumentarfilm dargestellt wurden, sind doch glaubwürdig, zumindest für Menschen, die sich mit diesen subtilen Manipulationstechniken von Kinderschändern ein wenig auskennen. Wer an die karmische Astrologie glaubt, wird mit Interesse feststellen, dass sein südlicher Mondknoten, der auf Dinge hinweist, die in früheren Leben verbockt wurden, im fünften Haus (Kinder) im Widder steht, und sein Herrscher, der Mars, direkt auf dem Deszendenten. Das deckt sich eher mit meiner Intuition, dass Michael es versäumt hat, etwas Karmisches rechtzeitig aufzuräumen, und dass ihn das mit voller Wucht eingeholt hat.

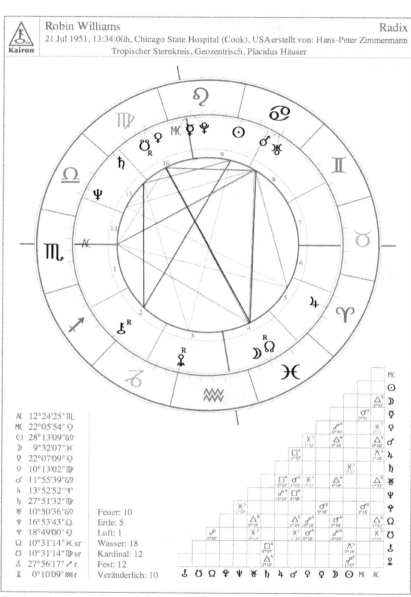

Robin Williams, 21. Juli 1951, 13:34, Chicago (USA)

Erstaunlich, wie viel Ähnlichkeit Robin Williams' Radix mit der von Michael Jackson hat, oder? Die Dünnhäutigkeit seines Fische-Mondes im vierten Haus und die extreme Wasserbetonung ist auch ihm zum Verhängnis geworden. Und die Stimmungsschwankungen seiner Krebs-Energie haben ein Übriges getan.

Auch Williams hat beruflich eine starke Löwe-Betonung und eine Konjunktion MC-Merkur-Pluto. Und natürlich vereint die beiden auch der gemeinsame Aszendent, der tiefgründige Skorpion.

Die Fische-Energie hätte bei beiden die Chance auf eine tiefe Spiritualität geboten. Michael Jackson hat sie nur zum Teil genutzt, Robin Williams nach meinen Informationen gar nicht. Ich glaube, er ist als Atheist gestorben. Beide sind den Schattenseiten der Fische-Energie verfallen, dem Fluchtverhalten in Form von Alkohol und leichten Drogen.

So, damit wollen wir den Promi-Reigen abschließen. Nur noch so viel: Das Studium von Promi-Radices hat den Vorteil, dass Promis, und ich spreche hier nicht von der Cervelat-Prominenz, sondern von echten Berühmtheiten, in der Regel deswegen prominent geworden sind, weil sie ein klares Profil haben. Oder mit anderen Worten: Sie haben so viel von ihrem Potenzial verwirklicht, dass die Aussagen, die man über sie machen kann, einfach frappant zutreffend sind.

Denke bitte daran, dass nicht jeder Deiner Coaching-Kunden sein Potenzial in ähnlichem Maß verwirklicht haben wird. Ich habe bisher zwar nur zwei (von ungefähr 1000) Coaching-Kunden erlebt, bei denen ich feststellen musste, dass ihre Radix auch im fortgeschrittenen Alter noch zum größten Teil Brachland war. Sie haben mir auch bestätigt, dass sie das Gefühl hätten, von Anfang an im falschen Film gesessen zu sein. Ob ein Astro-Coaching bewirken kann, dass sie das Steuer herumreißen und ihr Potenzial zu verwirklichen beginnen, kann ich zum heutigen Zeitpunkt noch nicht sagen.

*Ernsthafte Lerner fassen hier
das Kapitel zusammen:*

Moment mal, wie ist das mit Zwillingen?

Gemeint ist hier nicht das Sternzeichen Zwillinge, sondern eine Frage, die von jedem gesunden Skeptiker gestellt wird: Wie ist das, wenn zwei Menschen am selben Ort und fast zur selben Zeit geboren sind? Sind die dann genau gleich?

Eine brauchbare Antwort, die ich bei der Astrologin Liz Greene gefunden habe, lautet: Es kommt drauf an, ob sie gemeinsam aufwachsen oder getrennt. Man darf nicht vergessen, dass die Radix ein Potenzial darstellt. Sie ist ein Selbstbedienungsbuffet, von dem sich der Horoskop-Eigner das nehmen kann, wonach er Lust hat.

Die Zwillingsforschung, so Liz Greene, belege, dass Zwillingspärchen, die getrennt voneinander aufwachsen, sich ähnlicher seien als solche, die in einem gemeinsamen Haushalt groß würden. Sie sagt, im zweiten Fall würden sich die Zwillinge ihr Geburtshoroskop quasi teilen. Jeder nimmt sich ein bisschen was vom Buffet und lässt dem anderen auch etwas. Während beispielsweise der eine Zwilling sich mehr der Energie des Sonnenzeichens zuwendet, wählt der andere eher die Mond-Energie.

Das ist eine Erklärung, aber es gibt auch noch eine andere: Ein Krebs-MC geht zwar energetisch in Richtung Familie, Wurzeln, Haushalt. Aber es kann auf verschiedene Weise ausgelebt werden. Als Vollblut- Hausfrau, als Immobilienhändlerin, als Inneneinrichterin, als Heimarbeiterin oder, wie ich in einem früheren Beispiel gezeigt habe, als Spitex-Angestellte, die Patienten zu Hause pflegt. Dasselbe gilt für ein Stier-MC. Den einen zieht es ins Bankwesen, weil der Stier mit materieller Sicherheit zu tun hat, der andere lässt sich von der Stier-Herrscherin Venus küssen und wird Musiker oder bildender Künstler. Je nach dem Umfeld, in dem jemand groß wird, kann er mit seinem Stier-MC auch einen Handwerksberuf oder eine Karriere als Gastronom ergreifen.

Bei dieser Gelegenheit können wir auch gleich die zweite Frage klären, die immer wieder gestellt wird: Was ist mit Kaiserschnitt-Geburten? Da gibt es verschiedene Ansichten: Heutzutage wird oft in den Geburtszeitpunkt eingegriffen, selbst dann, wenn es sich nicht um solche Hauruck-

143

Methoden wie die Sectio handelt. Von Massage-Techniken über homöopathische Mittel bis zum innigen Wunsch der Mutter, das Kind möge noch als Schütze zur Welt kommen oder unbedingt nach Ladenschluss, weil sie sonst ihr geliebtes Geschäft vorzeitig zumachen müsste, immer wird irgendwie und irgendwo ein wenig nachgeholfen. Viele Astrologen gehen daher davon aus, dass auch die Art und Weise, wie jemand auf die Welt kommt, Teil des Lebensplans ist, und daher wird meistens der Moment der Nabelschnur-Durchtrennung als Geburtszeit verwendet.

Sind die Skeptiker-Fragen damit beantwortet? Gut.

Ich geb's übrigens gerne zu: Die Vorstellung, dass unser freier Wille nicht ganz so frei ist, wie wir es uns wünschen würden, hat mich am Anfang sehr beschäftigt. Und noch heute lehne ich es ab, meine geschäftlichen Aktivitäten von den Transiten abhängig zu machen. Vor Jahren lernte ich in Glarus einen Mann kennen, der ein Mineraliengeschäft besaß. Als ich ihn fragte, wie das Geschäft laufe, meinte er: „Nicht gut. Aber meine Astrologin hat mir vorausgesagt, Januar und Februar würden schlecht laufen. Der März wird dann wieder besser."

Ich antwortete ihm: „Toll, dann musst Du Dich im Januar und Februar nicht anstrengen, denn es läuft ja sowieso nicht, und im März musst Du auch nichts tun, denn es läuft ja ohnehin." Sehen Sie, wie hinderlich so eine Einstellung ist? Ich bin der Meinung, auch wenn es einen höheren Lebensplan gibt, können wir große Teile davon beeinflussen. Es ist wie eine sehr breite Straße. Wo sie hinführt, ist vorbestimmt, aber wie wir den Weg genau gehen, das ist unserem freien Willen überlassen.

Trotzdem sind Transite zu etwas gut. Zu was, das werden wir uns jetzt gleich anschauen...

Ernsthafte Lerner fassen hier
das Kapitel zusammen:

Der Krisenbewältigung erster Teil – Transite

Was Transite sind? Ganz einfach: Die gegenwärtige Stellung der Planeten am Himmel. Sie sind zum einen fundamental für die sogenannte Mundan-Astrologie. Das ist das Fachgebiet der Astrologie, das sich mit dem Weltgeschehen beschäftigt. In den Jahren 1965 und 1966 hatten wir zum Beispiel mehrere Uranus-Pluto-Konjunktionen. Warum mehrere? Weil auch diese beiden Planeten von Zeit zu Zeit rückläufig sind. Und so pendelten sie zwischen 1965 und 1966 einmal aufeinander zu und dann wieder voneinander weg.

Der Revoluzzer Uranus und der Planet der tiefen Transformation Pluto, der keinen Stein auf dem anderen lässt, haben auf verschiedenen Gebieten für massive Veränderungen gesorgt. Die Frauenbewegung erlebte einen plötzlichen (Uranus) Schub, und wenn man heute Fernsehbeiträge aus dieser Zeit betrachtet, kann man sich nicht vorstellen, dass sich Männer damals auf diese Weise öffentlich über ihr Verständnis der Frauenrolle äußern durften, ohne kastriert zu werden.

Zwischen den Jahren 2009 und 2018 erlebten wir mehr oder weniger starke Uranus-Pluto-Quadrate. Viele Astrologen nannten diese Zeitqualität „Die Sechziger Jahre Teil zwei“. Wir spürten glaube ich alle, dass damals vieles in Wandlung war, und das Ausmaß wird uns erst zum Teil bewusst. Am 14. Januar 2020 hatten wir die erste exakte Saturn-Pluto-Konjunktion im Steinbock. Die brauchbareren Astrologen sagten voraus, dass etwas Massives geschehen würde. Einige sprachen von Krieg, andere von einer Pandemie. Wir bekamen das geringere Übel; der Krieg fand allerdings ebenfalls statt, nur auf einer anderen Ebene. Es war ein Gesinnungskrieg, der ganze Familien und alte Freundschaften brutal auseinander riss.
Die letzte Saturn-Pluto-Konjunktion im Steinbock fand übrigens im Jahr 1518 statt. Wer in Geschichte aufgepasst hat, der weiß, da wütete in Europa gerade mal wieder die Pest, und anschließend kam es zur Reformation. „Reformation“, das Wort geht einem so leicht über die Lippen. Aber man muss sich einmal vergegenwärtigen, was das damals wirklich bedeutete. Da ging es nicht nur um die Abspaltung von der katholischen Kirche und die Bekämpfung von Korruption unter den Klerikern. Indirekt entstand

eine völlig neue Weltordnung, indem das gewöhnliche Volk jetzt die Heilige Schrift auf Deutsch lesen konnte. Man war nicht mehr auf den studierten Kleriker angewiesen, der einem aus einem lateinischen Schriftstück „vorlas" und erzählen konnte, was er wollte. Es ging also um eine Emanzipation des Volkes. Wir dürfen gespannt sein, welche Reformation diesmal auf die Pandemie folgt. Besonders interessant wird es Ende März 2023, wenn Pluto nach 248 Jahren erstmals wieder in den Wassermann geht. Er wandert dann im Laufe des Jahres noch einmal kurz zurück in den Steinbock, um Ende Januar 2024 bis Anfang 2043 dort zu bleiben. Wassermann bedeutet unter anderem Freiheit, Gleichheit und Brüderlichkeit. Könnte es sein, dass wir dann ein bedingungsloses Grundeinkommen schaffen, und dass wir diejenigen Menschen, die arbeiten, gerechter entlöhnen? Könnte es sein, dass wir – hoffentlich ohne Revolution – ein System finden, um die materiellen Güter weltweit gleichmäßiger zu verteilen? Man darf gespannt sein.
Zum Vergleich: Ende 1778, als Pluto das letzte Mal ins Zeichen Wassermann ging, wütete der amerikanische Unabhängigkeitskrieg. Was unangenehm begann, mündete in die Gründung einer großen Demokratie, aus der später eine Weltmacht wurde. Dieser Zyklus scheint mit der Pluto-Wiederkehr der USA abgeschlossen. Die Demokratie ist dort nicht nur gefährdet, wie viele beklagen. Sie ist wohl definitiv vorbei, und in den kommenden Jahren werden – so sehr uns das auch zuwider ist – China, Russland und möglicherweise auch Afrika mehr zu sagen haben. Wenn man die Weltgeschichte betrachtet, war es immer so: Weltreiche stiegen auf und verschwanden wieder in der Versenkung. Die einstigen Kolonialreiche Frankreich, Spanien, Portugal, Niederlande und England sahen schon in den letzten Jahrzehnten ihre Felle davonschwimmen. Und mit großer Wahrscheinlichkeit werden sie auch allfällig noch vorhandene Kolonien demnächst in die Unabhängigkeit entlassen müssen.

Interessant wird es, wenn man die Transite über ein Geburtshoroskop legt. Dann kann man etwas über den Einfluss der Zeitqualität auf ein Individuum aussagen. Aber Achtung, ich warne davor, dass man diese Technik für Zukunftsvoraussagen verwendet! Angstmacher-Astrologen würden zum Beispiel, wenn der Transit-Mars über Deinen Geburts-Mars geht, sagen, Du sollst vorsichtig sein wegen erhöhter Unfallgefahr. Das ist ein Riesen-Blödsinn, weil es Dich nämlich so beängstigen könnte, dass daraus eine selbsterfüllende Prophezeiung wird.

Wenn Du jedoch bei wichtigen Stationen Deines Lebens in die Transite schaust, wirst Du nicht selten fündig. Dabei lege ich Wert darauf, dass man die Dinge nicht an den Haaren herbeizieht. Für mich zählen zum Beispiel nur exakte Aspekte und nicht solche mit Orben von fünf Grad oder mehr. Wenn man außerdem noch die hintersten Nebenaspekte hinzu zieht, wird ein Skeptiker mit Fug und Recht kritisieren: „Wenn man nur lange genug sucht und bei der Deutung etwas Toleranz walten lässt, findet man im Horoskop den Grund für jeden Schicksalsschlag."

Ich schaue mir bei den Transiten vor allem die langsamen Planeten an, also Uranus, Neptun und Pluto. Und natürlich die Mondknoten, die übrigens als einzige im Uhrzeigersinn wandern.

Für die meisten Astrologen sind auch „die Wiederkehr des Jupiter" (ca. alle 12 Jahre) und „die Wiederkehr des Saturn" (ca. alle 29,5 Jahre) ein wichtiges Ereignis. Als ich im Jahr 1980 meine Frau kennenlernte, mit der ich seither monogam zusammenlebe, ging der Transit-Jupiter über meinen Geburts-Jupiter in der Waage (Partnerschaft). Gleichzeitig machte der Transit-Saturn (Strenge, Treue, Disziplin) eine Konjunktion mit der Transit-Venus (Beziehung), und beide gingen, zusammen mit dem Mond, über mein MC.

Das war jetzt keine Krise. Obwohl, wenn man das Wort „crisis" (= der Wendepunkt) wörtlich nimmt, eigentlich schon. Und ich bin auch überzeugt, dass die seelische Unterstützung meiner Frau sich maßgeblich auf meine Karriere (MC) ausgewirkt hat und immer noch auswirkt.

Wohlverstanden, von all dem hatte ich damals, als diese Ereignisse passierten, keine Ahnung. Ich habe sie erst im Nachhinein erkundet und bin erstaunt über die Resultate. Ob mir allerdings damals ein Astrologe hätte voraussagen können, *was genau* passieren würde, wage ich zu bezweifeln.

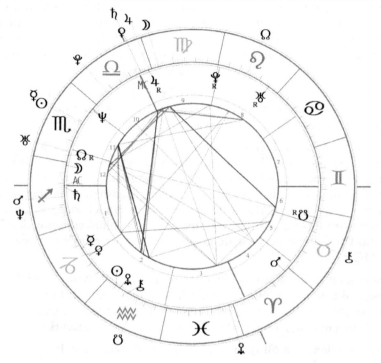

Kairon

Hans-Peter Zimmermann   Transite UTC: 20. Oct. 1980, 18:10:26h
25 Jan 1957, 4:35:00h, Ostermundigen (Bern), CH   erstellt von: Hans-Peter Zimmermann
Tropischer Sternkreis, Geozentrisch, Placidus Häuser

AC 11°10'02"♐	
MC 5°54'00"♎	Feuer: 6
☉ 4°54'49"♒	Erde: 4	☉ 11°28'59"♏
☽ 1°25'02"♐	Luft: 13	☽ 26°51'59"♍
☿ 11°56'52"♑	Wasser: 11	☿ 10°39'14"♏ r
♀ 15°22'28"♑	Kardinal: 12	♀ 5°12'05"♎
♂ 27°54'38"♈	Fest: 13	♂ 16°18'20"♐
♃ 1°40'36"♎ r	Veränderlich: 13	♃ 1°24'46"♎
♄ 11°39'26"♐		♄ 5°09'16"♎
♅ 4°56'47"♌ r	Feuer: 16	♅ 24°58'40"♏
♆ 2°34'42"♏ sd	Erde: 6	♆ 20°57'22"♐
♇ 29°47'26"♌ r	Luft: 11	♇ 22°28'37"♎
☊ 26°39'09"♏ sr ·	Wasser: 1	☊ 16°22'43"♋ r
☋ 26°39'09"♉ sr	Kardinal: 15	☋ 16°22'43"♑ r
⚷ 11°24'11"♒	Fest: 8	⚷ 16°02'35"♉ r
⚴ 7°03'44"♒	Veränderlich: 11	⚴ 27°58'16"♓ r

Am nächsten Beispiel siehst Du, wie unsinnig es ist, den Saturn als den „großen Übeltäter" zu bezeichnen, wie das leider immer noch viele Astrologen tun. Ich hatte mich Anfang 1986 selbständig gemacht, und im Dezember ging es los wie eine Rakete. Es war die Zeit meiner ersten Saturn-Wiederkehr.

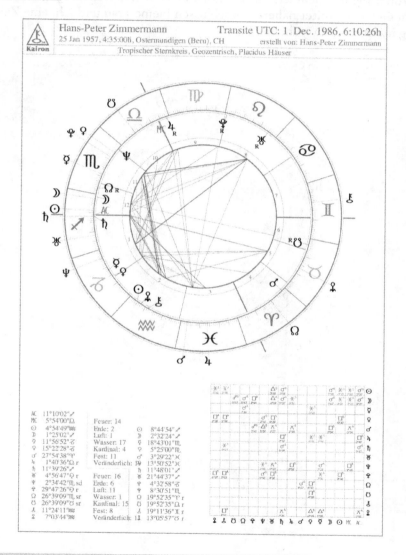

Im September 1991 wechselte der Transit-Jupiter in mein neuntes Haus. Jupiter ist, wie Du weißt, der Schütze-Herrscher, und das neunte Haus ist das Schütze-Haus. Jupiter herrscht nicht nur über weite Reisen, sondern auch über Publikationen. Im September 1991 kam mein erstes Buch, der „Großerfolg im Kleinbetrieb" heraus, und als sich der Transit-Jupiter meinem Geburts-Jupiter näherte, beschlossen meine Frau und ich, eine Zeitlang in Amerika zu wohnen.

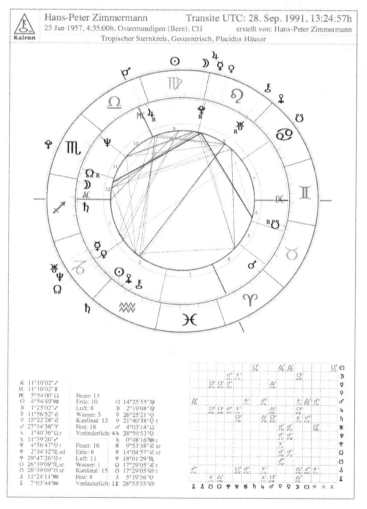

Hans-Peter Zimmermann Transite UTC: 28. Sep. 1991, 13:24:57h
25 Jan 1957, 4:35:00h, Ostermundigen (Bern), CH erstellt von: Hans-Peter Zimmermann
Tropischer Sternkreis, Geozentrisch, Placidus Häuser

Als im Oktober 2006 der Transit-Pholus (Partnerschaft) über meinen Geburtsmond (Seele, Herz) im zwölften Haus (Täuschung, Illusion) ging, wurde ich von einem langjährigen Geschäftspartner massiv enttäuscht. Auch hier: Ich hätte nicht gewollt, dass mir ein Astrologe im Vornherein gesagt hätte, es komme zu einer Enttäuschung in der Partnerschaft, er könne nicht sagen, ob privat oder beruflich. Aber im Nachhinein ist es ganz beruhigend zu wissen, dass das Ganze offenbar einem höheren Zweck diente.

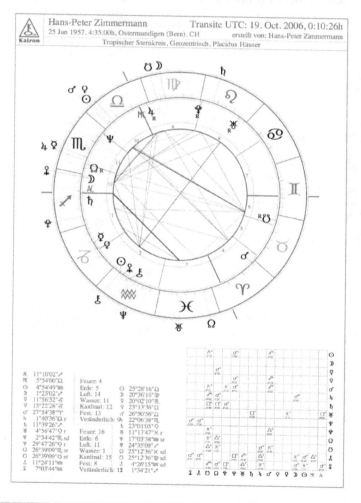

Genau so verhält es sich mit einer an sich harmlosen Internet-Mobberei gegen meine Person im Dezember 2007, wie sie jeder Mensch mit einem gewissen Bekanntheitsgrad erlebt. Ich habe sie jedoch wie ein karmisches Ereignis empfunden. Es geschah auf den Tag genau, als der südliche Transit-Mondknoten (karmische Belastungen) über meinen rückläufigen Geburts-Pluto im Löwen im neunten Haus ging. Das tut er nur alle 20 Jahre, so dass man glaube ich auch hier nicht von Zufall sprechen kann. Es ging um die Themen Macht (Pluto) und Ego (Schattenseite des Löwen).

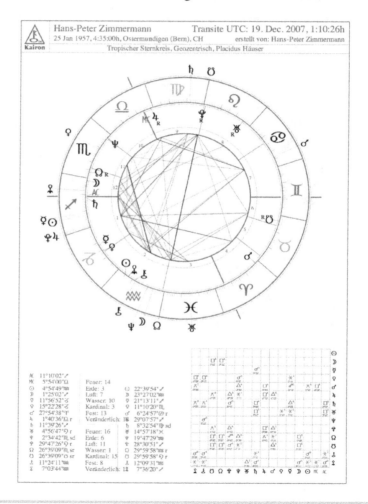

Als sich im August 2011 der Transit-Uranus (Veränderungen) meinem vierten Haus (Familie, Zuhause) näherte, beschlossen Nany und ich, nochmals eine Weile zwischen Kalifornien und der Schweiz zu pendeln. Als Uranus Anfang Mai 2012 definitiv in mein viertes Haus wechselte, zogen wir in unser neues Heim im kalifornischen Coto de Caza.

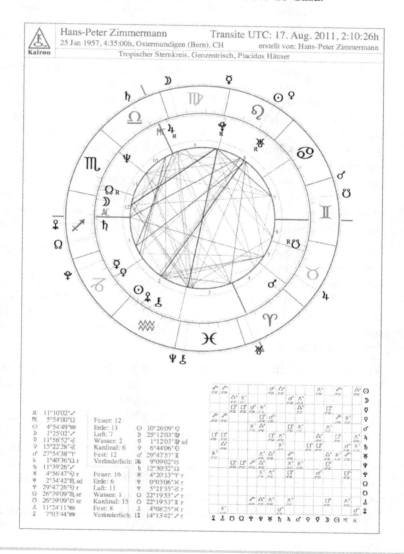

Die Jahre 2012 bis 2016 haben wir also pendelnd zwischen Gstaad und Los Angeles verbracht. In Los Angeles ist auch die erste Auflage dieses Buches entstanden. Jedem, der es hören wollte, verkündigte ich, dass dies nun bis an unser Lebensende unser Lifestyle bleiben werde. Doch die zweite Saturn-Wiederkehr Anfang 2016 hegte eine Überraschung für mich. Hier der Original-Wortlaut dieses astrologischen Ereignisses, wie ich es in meinem Buch „Hypnose und mein Leben" geschildert habe:

Im April 2014 besuchten meine Frau und ich den bekannten Astrologen Steven Forrest, der zwei Stunden von unserem Wohnort in der kalifornischen Wüste lebt. Ich wollte mit ihm ein Interview führen und eine Deutung meines Geburtshoroskops bekommen. Das Interview scheiterte an einer technischen Panne, und die Horoskop-Deutung brachte nichts, was ich nicht bereits wusste. Da war mir klar: Wenn dieser berühmte Astrologe mir nicht mehr sagen konnte als das, was ich schon wusste, dann hatte ich die Berechtigung, selbst als Astrologe tätig zu werden. Ich begann, Astro-Deutungen via Videokonferenz anzubieten. Mit großem Erfolg und zur totalen Zufriedenheit meiner Kunden.

Zwei Sätze von Steven Forrest blieben mir trotzdem in Erinnerung: Bevor er mich in seinem gemütlichen Häuschen in Borrego Springs verabschiedete, meinte er: „Deine zweite Saturn-Wiederkehr steht in zwei Jahren an, und ich bin gespannt, was die mit sich bringt." Und weiter erklärte er mir, die Saturn-Wiederkehr sei oft schon spürbar, wenn der Transit-Saturn in dasselbe Zeichen komme wie der Geburts-Saturn.

Als Nany und ich von diesem zweitägigen Kurz-Ausflug zurückkamen, las ich alles, was ich zum Thema Saturn-Wiederkehr finden konnte. Der Saturn, so erfuhr ich, braucht 29 Jahre, um einmal durch den Tierkreis zu wandern. Saturn-Wiederkehr bedeutet, der Saturn, wo er jetzt steht, man nennt ihn auch den Transit-Saturn, kehrt alle 29 Jahre zurück an die Position, wo er zur Zeit unserer Geburt stand. Saturn-Energie hat viel mit Verantwortung, Besinnung und Einschränkung zu tun. Wobei Einschränkung nur von weniger bewusst lebenden Menschen als negativ empfunden wird. Für die Weiseren unter uns bedeutet Einschränkung, dass wir uns besinnen, was wir wirklich zum Leben brauchen. Der Saturn als Herrscher des Zeichens Steinbock ist der dringend nötige Gegenpart zum Schütze-Herrscher Jupiter, der an ewiges Wachstum glaubt.

Bei der ersten Saturn-Wiederkehr mit ungefähr 29 Jahren, so las ich weiter, geht es darum, dass die Ausbildung abgeschlossen ist und man Verantwortung für sein Leben übernehmen muss. In der indischen Tradition sieht das so aus:

- 1. Saturn-Zyklus 1-29 Jahre Ausbildung
- 2. Saturn-Zyklus 30-59 Jahre Familie und Karriere
- 3. Saturn-Zyklus 60-? Religiöses Leben

Die meisten Menschen erleben die dritte Wiederkehr nicht. Mein Vater ist ganz kurz nachdem der Transit-Saturn zum dritten Mal seinen Geburts-Saturn berührt hat, nach einer Herz-Operation nicht mehr aus der Narkose aufgewacht. Seinen letzten Äußerungen nach zu schließen hat er ganz deutlich gespürt, dass seine Zeit abgelaufen war.

In Indien soll es übrigens vielerorts immer noch üblich sein, dass der Mann mit sechzig Jahren Familie und Beruf verlässt, um den Weg der inneren Einkehr zu gehen.

Bei mir war es so, dass ich Ende 1985, als der Saturn in das Zeichen meines Geburts-Saturns (Schütze) kam, heiratete und meine eigene Firma gründete. Offensichtlich hatte ich, ohne den blassesten Schimmer von Astrologie zu haben, diese Zeitqualität gespürt. Als dann Ende 1986 der Transit-Saturn zum ersten Mal exakt auf meinem Geburts-Saturn lag, war meine Firma bereits am Blühen und Gedeihen. Die Sonnenseite des Saturns ist „solide erarbeiteter Erfolg", das sollten die Kuschel- und Angstmacher-Astrologen, die den Saturn immer als den großen Bösewicht hinstellen, bitte nicht vergessen! Er wirkt nur dann böse, wenn wir nicht rechtzeitig seine Ermahnungen hören.

Nun konnte ich mir beim besten Willen nicht vorstellen, was meine zweite Saturn-Wiederkehr in den Jahren 2015 und 2016 mir bescheren sollte, also schob ich den Gedanken daran wieder beiseite. Im Dezember 2014, wir verbrachten gerade wieder den Winter in

Gstaad, war mein Körpergewicht auf fünfundneunzig Kilo ange-
wachsen, und ich merkte, wenn ich meine Skischuhe zuschnallte,
dass ich keuchte und ächzte wie ein alter Mann. Da sagte ich zu
meiner Frau: „Wenn wir im März wieder in Kalifornien sind, melde
ich mich bei Weightwatchers an." Ich hatte verschiedentlich Gutes
gehört von dieser Organisation, wusste auch, dass ich es alleine
nicht schaffen würde, und dass ich keinesfalls hungern wollte. Kurz
und gut: Ich speckte zwischen Mitte März und Ende Juni 2015 drei-
zehn Kilo ab. Erst hinterher stellte ich fest, dass im Dezember 2014
der Transit-Saturn zum ersten Mal in das Zeichen meines Geburts-
Saturns (Schütze im 1. Haus) kam. Das erste Haus steht unter anderem auch für den eigenen Körper. Also passt das Abspecken wie die
Faust aufs Auge. Im April 2015 folgte ein Abspecken und Ausmisten
meines Internet-Auftritts, und Ende 2015 geschah etwas, mit dem
ich niemals gerechnet hatte.

Im Jahr 2012, also dem ersten Jahr, in dem wir wieder zwischen der
Schweiz und Kalifornien pendelten, hatte ich auf einmal das Interesse an großen Autos verloren. Ich habe zwar nie zu der Sorte
Mensch gehört, die mit einem sehr auffälligen und protzigen Auto
in der Gegend herum fahren müssen, aber ein gewisser Standard
musste es schon sein. Man sollte meinem Auto ansehen, dass ich
nicht zur Unterschicht gehöre. Dieses Bedürfnis war, wie gesagt,
auf einmal verschwunden, und wir mieteten in Kalifornien immer
ein kleines Hybrid-Auto.

Wenn ich jedoch von Nachbarn oder Freunden ungläubig gefragt
wurde, ob wir tatsächlich ein 450 Quadratmeter großes Haus das
ganze Jahr über mieteten, obschon wir es nur die Hälfte des Jahres
nutzten, dann bejahte ich nicht ohne Stolz und fügte noch hinzu,
dass wir vermutlich diesen Lifestyle jetzt bis ans Ende unseres Lebens durchziehen würden. Ich hatte schon beim letzten internationalen Umzug lauthals verkündet: „Das ist das letzte Mal, dass ich
einen internationalen Umzug mitmache. Sollten wir irgendwann
wieder die Zelte in Kalifornien abbrechen, wird alles in ein Lager
gesteckt, denn wir kommen sowieso wieder, und dann haben wir
unsere Möbel bereits in den USA."

Nun kam gegen Ende 2015 bei meiner Frau und mir fast schlagartig
das Bedürfnis auf, in Kalifornien eine kleine Pause einzulegen und,

wie bereits einmal besprochen, unseren Hausrat einzulagern. Doch wir hatten die Rechnung ohne den Saturn gemacht. Anfang Januar, und es kann gut sein, dass es am 8. Januar war, wo der Transit-Saturn meinen Geburts-Saturn zum ersten Mal nach 29 Jahren wieder berührte, waren wir spontan bereit, einen Schritt weiter zu gehen: Alles verkaufen oder verschenken, nur ein kleines Lager für die Fahrräder, Computer, Drucker und ein paar persönliche Effekten mieten, und wenn wir im Herbst 2017 wieder nach Kalifornien kämen, einfach monatsweise ein möbliertes Ferienhaus mieten.

Seit wir das beschlossen hatten, fühlten wir uns glücklich und befreit wie noch selten in unserem Leben, und ich war einmal mehr stolz auf meine Frau, dass sie die Sammel-Leidenschaft ihrer Jungfrau-Sonne überwand und mit mir zusammen in guter alter wassermännischer Manier unser Leben neu erfinden half.

Interessant ist auch, dass wir uns in unserer bescheidenen Wohnung in Gstaad so wohl fühlen wie noch nie, und dass uns beim letzten Schweiz-Aufenthalt bewusst geworden war, dass es uns an absolut nichts fehlte, wir also getrost den ganzen „Plunder", der sich im Lauf der Jahrzehnte angesammelt hatte, und den wir schon mehrmals um die halbe Welt geschleppt hatten, loswerden konnten.

Könnte man Krisen auch ohne diese Kenntnisse bewältigen? Sicher könnte man das! Aber seit ich mich mit Astrologie beschäftige und täglich die Bestätigung bekomme, dass es keine Zufälle gibt, bin ich eher bereit, die Herausforderungen des Lebens anzunehmen und mich radikal meinen Entwicklungsaufgaben zu stellen.

Schauen wir uns das zweite Prognose-System an...

Ernsthafte Lerner fassen hier das Kapitel zusammen:

Der Krisenbewältigung zweiter Teil – Progressionen

Progressionen sind ein künstlich hergestelltes Horoskop. Wenn ich etwas über meine innere Entwicklung im 55. Lebensjahr wissen will, lege ich die Konstellation der Planeten 55 Tage nach meiner Geburt über mein Geburtshoroskop. Oftmals findet man Hinweise auf wichtige Lebensstationen in beiden Prognose-Systemen, also sowohl bei den Transiten wie auch in den Progressionen. Aber wenn jemand in eine Krise gerät ohne äußeren Anlass, dann geben die Progressionen häufig nützliche Antworten.

Da die langsamen Planeten im progredierten Horoskop so langsam sind, dass sie sich immer noch fast am selben Ort befinden wie zum Zeitpunkt der Geburt, schaut man hier vor allem auf die schnellen Planeten, also Mond, Merkur, Venus und Mars.

Als meine Frau und ich am 17. August 2011 beschlossen, wieder einen Zweitwohnsitz in Kalifornien zu nehmen und diesmal auch in der Film-Branche Fuß zu fassen, da ging der progredierte Mond gerade über meinen Geburtsmond im Schützen (Ausland) im zwölften Haus (unter anderem das Haus der Film-Industrie).

In einem Buch über den progredierten Mond habe ich gelesen, wenn der Geburtsmond im zwölften Haus sei, fühle man sich bei diesem Ereignis monatelang wie Schmetterlingssuppe. Das ist eine gute Umschreibung für das, was ich zwischen Mitte 2011 und Mitte 2013 empfunden habe. Wohlverstanden, das betraf nur die seelische Ebene (Mond); alles andere hat nach außen hin weiter gut funktioniert. Und ich konnte auch meine neu geschaffene Welt sehr gut genießen. Aber was sich in seelischer Hinsicht alles radikal verändert hat, mag ich gar nicht aufzählen.

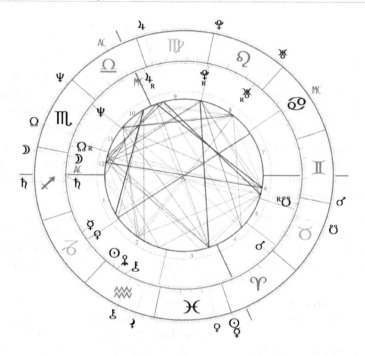

Hans-Peter Zimmermann
25 Jan 1957, 4:35:00h, Ostermundigen (Bern), CH
Tropischer Sternkreis, Geozentrisch, Placidus Häuser

Progression vorw. Jahr 54
erstellt von: Hans-Peter Zimmermann

AC	11°10'02" ♐	AC	12°05'39" ♎
MC	5°54'00" ♎	Feuer: 9	MC	14°58'57" ♋
☉	4°54'49" ♒	Erde: 2	☉	29°53'39" ♓
☽	1°25'02" ♐	Luft: 7	☽	1°32'48" ♐
☿	11°56'52" ♑	Wasser: 16	☿	29°54'38" ♓
♀	15°22'28" ♑	Kardinal: 8	♀	23°34'21" ♓
♂	27°54'38" ♈	Fest: 3	♂	1°48'33" ♊
♃	1°40'36" ♎ r	Veränderlich: 2⅚	♃	26°29'29" ♍ r
♄	11°39'26" ♐		♄	14°17'57" ♐ sd
♅	4°56'47" ♌ r	Feuer: 16	♅	3°03'04" ♌ r
♆	2°34'42" ♏ sd	Erde: 6	♆	2°02'56" ♏ r
♇	29°47'26" ♌ r	Luft: 11	♇	28°29'14" ♌ r
☊	26°39'09" ♏ sr	Wasser: 1	☊	20°53'22" ♏
☌	26°39'09" ♉ sr	Kardinal: 15	☌	20°53'22" ♉
⚷	11°24'11" ♒	Fest: 8	⚷	22°58'49" ♒ r
⚴	7°03'44" ♒	Veränderlich: 1⅚	⚴	15°23'41" ♒

28 Jahre zuvor hatte dieselbe Konstellation dafür gesorgt, dass ich mich von einer sicheren Bundesstelle in der Filmbranche verabschiedete und wenig später als Verkäufer von Postproduktions-Anlagen für die Film-Industrie der Stadt Los Angeles meinen ersten Besuch abstatten durfte.

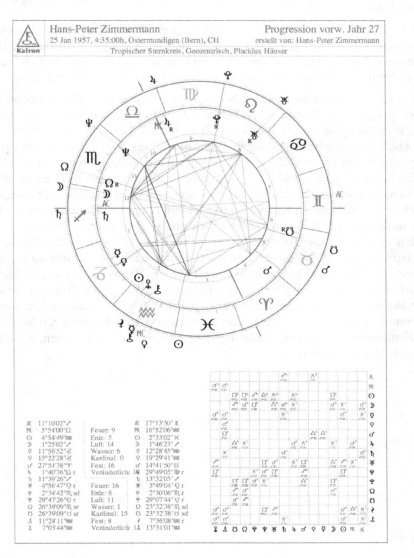

Einem Kunden sagte ich kürzlich aufgrund seiner Progressionen, er müsse in einem bestimmten Jahr eine massive Krise erlebt haben, und zwar vermutlich in familiärer Hinsicht. Er meinte, so schlimm sei es nicht gewesen; er hätte damals ein Geschäft dazu gekauft, das sich als Flop erwiesen habe.

Ich war ziemlich enttäuscht über diese „Fehl-Interpretation"... bis er mir wenige Tage später schrieb, er würde sich jetzt erinnern. In diesem Jahr sei sein Vater gestorben, und er hätte erst bei der Testaments-Eröffnung erfahren, dass er enterbt worden sei. So viel zum Thema Verdrängung!

Ein weiterer wichtiger Faktor bei den Progressionen ist der Moment, wo die progredierte Sonne das Zeichen oder das Haus wechselt. Die ersten beiden Jahre ist in der Regel deutlich spürbar, dass eine neue Phase im Leben angebrochen ist. Gegen Ende des Jahres 2011 wechselte die progredierte Sonne in meinem Horoskop nach dreißig Jahren vom Zeichen Fische ins Zeichen Widder. Ab da traute ich mich, offen darüber zu sprechen, dass ich auch astrologische Deutungen anbiete. Außerdem begann ich, mehr für meinen Körper zu tun, indem ich jeden Tag mindestens eine Stunde auf dem Rad verbrachte. Auch mein – von einigen früheren Kunden egoistisch empfundener – Entscheid, mein Institut für Klinische Hypnose in Zug aufzulösen und noch einmal nach Kalifornien zu ziehen, war wohl dieser Widder-Energie geschuldet. Wenn ich so zurückblicke auf die vergangenen Jahre, fällt mir auch auf, dass ich früher deutlich mehr zur esoterisch-gutgläubigen Sorte Mensch gehört habe. Ich bin zwar immer noch spirituell eingestellt, aber zu gewissen Esoterik-Kreisen, vor allem wenn sie mit Verschwörungs-Erzählungen um sich werfen, habe ich mich klar distanziert.

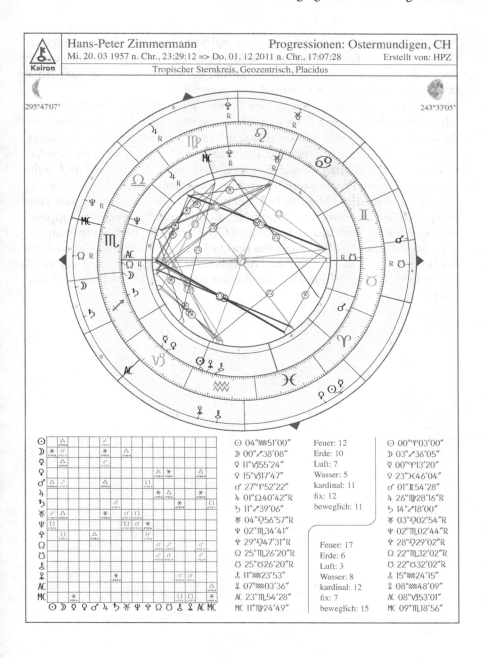

Nachdem meine Frau und ich im Jahr 2016 unseren überdimensionierten Haushalt in Kalifornien aufgelöst und uns in unsere bescheidene Ferienwohnung in Saanen zurückgezogen hatten, befand ich mich ein paar Jahre in einer Komfortzone, fühlte mich also pudelwohl.

Mitte Mai 2022 begann sich das zu ändern; ich hatte den Eindruck, dass ich mich nicht länger auf meiner Altersvorsorge ausruhen, sondern vielmehr wieder „ein paar Samen pflanzen" sollte. Interessanterweise hörte ich mir drei Monate später eine Podcast-Episode an, in welcher der Astrologe Chris Brennan darauf hinwies, dass auch Neumond- und Vollmondphasen im Progressions-Horoskop zu spüren seien. Und siehe da: Genau das war Mitte Mai der Fall. Du erinnerst Dich vielleicht, dass eine Konjunktion von Sonne und Mond Neumond bedeutet, und eine Opposition von Sonne und Mond Vollmond. Grob vereinfacht könnte man sagen: Bei Neumond sollte man säen und bei Vollmond ernten. Um nur ein berühmtes Beispiel zu nennen: Die Blütezeit Barack Obamas während seiner Präsidentschaft fand während einer progredierten Vollmond-Phase statt.

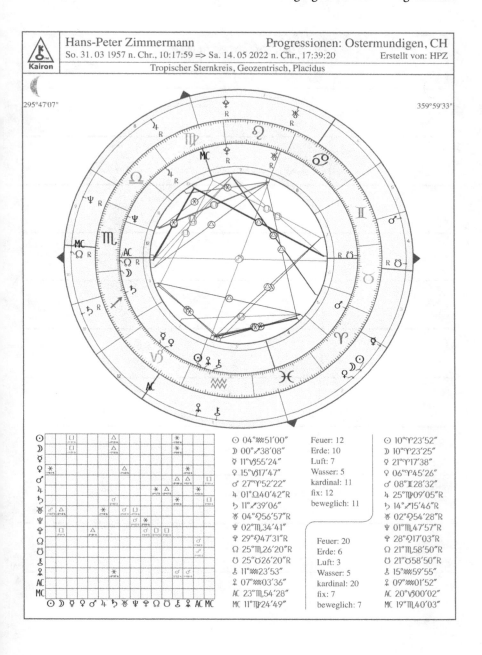

Hans-Peter Zimmermann   Progressionen: Ostermundigen, CH

So. 31. 03 1957 n. Chr., 10:17:59 => Sa. 14. 05 2022 n. Chr., 17:39:20   Erstellt von: HPZ

Tropischer Sternkreis, Geozentrisch, Placidus

☉																	
☽																	
☿																	
♀																	
♂																	
♃																	
♄																	
♅																	
♆																	
♇																	
☊																	
⚷																	
⚴																	
AC																	
MC																	
	☉	☽	☿	♀	♂	♃	♄	♅	♆	♇	☊	⚷	⚴	AC	MC		

☉ 04°♒51′00″   Feuer: 12   ☉ 10°♈23′52″
☽ 00°♐38′08″   Erde: 10   ☽ 10°♈23′25″
☿ 11°♑55′24″   Luft: 7   ♀ 21°♈17′38″
♀ 15°♑17′47″   Wasser: 5   ♀ 06°♈45′26″
♂ 27°♈52′22″   kardinal: 11   ♂ 08°♊28′32″
♃ 01°♌40′42″R   fix: 12   ♃ 25°♍09′05″R
♄ 11°♐39′06″   beweglich: 11   ♄ 14°♐15′46″R
♅ 04°♌56′57″R   ♅ 02°♌54′28″R
♆ 02°♏34′41″   ♆ 01°♏47′57″R
♇ 29°♌47′31″R   Feuer: 20   ♇ 28°♌17′03″R
☊ 25°♏26′20″R   Erde: 6   ☊ 21°♏58′50″R
☋ 25°♉26′20″R   Luft: 3   ☋ 21°♉58′50″R
⚷ 11°♒23′53″   Wasser: 5   ⚷ 15°♒59′55″
⚴ 07°♒03′36″   kardinal: 20   ⚴ 09°♒01′52″
AC 23°♏54′28″   fix: 7   AC 20°♑00′02″
MC 11°♍24′49″   beweglich: 7   MC 19°♏40′03″

*Ernsthafte Lerner fassen hier
das Kapitel zusammen:*

Türöffner erster Güte – Solarhoroskope

Die Deutungen der Radix, der Transite und der Progressionen erfüllen vor allem einen Zweck: Sie sollen Deinen Kunden davon überzeugen, dass Astrologie funktioniert. Erst dann wird er bereit sein, sich die Türen anzuschauen und ernst zu nehmen, die ihm von den Solarhoroskopen aufgemacht werden.

Das Solarhoroskop wird jedes Jahr an dem Tag erstellt, an dem die Sonne auf die Bogensekunde genau am selben Ort steht wie zum Zeitpunkt der Geburt. Das ist meistens am Geburtstag; es kann aber auch mal bis zu zwei Tage vor- oder nachher sein. Und dieses Horoskop zeigt die Schwerpunktthemen bis zum nächsten Geburtstag an.

Achtung: Das Solarhoroskop zeigt nicht, was passieren wird! Es zeigt lediglich an, auf welche Themen man sich konzentrieren sollte. Das deckt sich meistens auch mit den Ideen, die einem bereits gekommen sind, aber die man vielleicht als Hirngespinst abgetan hat. Wenn sie im Solarhoroskop auftauchen, wird der Kunde sie ernst nehmen und sich in der Regel darüber freuen, dass die „Spinnerei", die er gerne anpacken möchte, eine Art „kosmische Zustimmung" erfährt.

Ich warne also nochmals eindringlich davor, die Astrologie als Kuschel-Wahrsagerei zu missbrauchen, im Sinne von „Sage ihnen, was sie hören wollen; wenn's nicht eintrifft, werden sie deine Vorhersage längst vergessen haben." Genau so wenig sollte es eine Angstmacherei sein. Also sage bitte nie zu einem Kunden „Nächstes Jahr wird finanziell ein ganz schlechtes werden", nur weil der Solar-Saturn im zweiten Haus steht. Man könnte das nämlich mit genau so viel Berechtigung so deuten, dass endlich diszipliniert an einem soliden Einkommen gearbeitet wird. Wenn das Universum tatsächlich der Meinung ist, dazu bräuchte es eine vorübergehende finanzielle Flaute, wird man das noch früh genug merken und darauf reagieren können.

Ich sehe das Solarhoroskop wie einen Scheinwerfer, der die Ressourcen der Radix abwechslungsweise beleuchtet und Vorschläge macht, welche Baustellen im Moment gerade zum Aufräumen bereit sind. Man kann sich dagegen zur Wehr setzen und gar nichts davon umsetzen, dann wird das Ganze halt auf den nächsten Zeitpunkt vertagt, wo das Thema von der Zeitqualität her wieder aktuell wird.

Auch hier ist es zum Zweck der Vertrauensbildung sinnvoll, ein paar Solarhoroskope aus der Vergangenheit zu deuten, bevor man sich der Zukunft widmet. Wenn die Klientin merkt, dass man ihre neu aufflammende Wissbegierde im vorigen Jahr, den längeren Auslandsaufenthalt im Jahr davor und die Betonung auf Häuslichkeit und Familie in diesem Jahr, wo sie schwanger ist, im Solarhoroskop erkennen kann, dann wird sie eher bereit sein, auch die Hinweise für die Zukunft ernst zu nehmen.

Das Solarhoroskop erstellen viele Astrologen übrigens für den Ort, an dem sich der Klient am meisten aufhält. Da ich mich von 2012 bis 2016 zu gleichen Teilen in Gstaad und Los Angeles aufhielt, musste ich also immer zwei davon erstellen. Es fühlte sich auch tatsächlich ein bisschen so an, als hätte ich zwei Leben. Am einen bastelte ich weiter, wenn ich in der Schweiz war, das andere war wieder dran, wenn ich nach Kalifornien flog.

Auch was Solarhoroskope angeht, gibt es Astrologen, die sehr lange und ausführliche Deutungen erstellen und versuchen, den hintersten und letzten Aspekt zu berücksichtigen. Das artet dann in umständliche Texte mit vielen sehr vagen Aussagen aus, die nicht wirklich hilfreich sind.

Ich schaue in der Regel auf folgende Punkte:

Fragen bei Solarhoroskopen
In welchem Haus steht die Sonne? (Das Zeichen ist sowieso dasselbe wie in der Radix, also unwichtig!)
In welchem Zeichen und Haus steht der Mond?
In welchem Zeichen steht der Solar-Aszendent?
In welchem Zeichen steht das Solar-MC?
Gibt es wichtige Konjunktionen zu Sonne, Mond, AC, MC?

Wenn das noch nicht reicht, um einen Entwicklungs-Schwerpunkt festzulegen, nimmt man noch die entsprechenden Herrscher dazu, aber bitte nur als zusätzliche Neben-Information! Das heißt, man schaut, in welchem Zeichen der Herrscher des Solar-MC ist und bezieht den in die Deutung des beruflichen Schwerpunkts mit ein.

Beispiel gefällig? Hier ist mein Solarhoroskop von 2010:

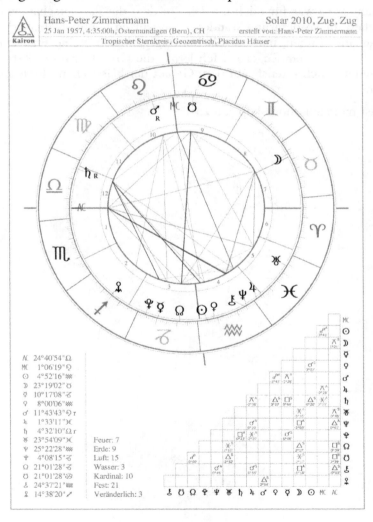

Ein volles viertes Haus (Zuhause, Familie), die Sonne macht eine Konjunktion mit der Venus (Beziehung). Der Mond ist im Stier (Genießen) im achten Haus (ernsthafte Partnerschaft). Der Aszendent ist in der Waage (Partnerschaft), das MC im Löwen (Spiel, Sport, Freizeit). Der Merkur (Kommunikation, Wissbegier) ist in seinem eigenen Haus und macht eine Konjunktion mit Pluto (Transformation, okkulte Wissenschaften).

Das Jahr 2010 war für mich ein Jahr, in dem die Partnerschaft und das Genießen im Vordergrund standen. Den ganzen Sommer über arbeitete ich nur am Morgen, und am Nachmittag genossen meine Frau und ich unser Boot auf dem Zugersee. Ich lernte die Grundlagen der Astrologie und bildete mich intensiv auf dem Gebiet der klassischen Homöopathie weiter.

Hier ist mein Solarhoroskop von 2011:

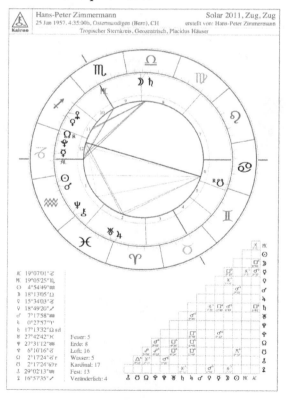

Die Sonne ist, zusammen mit dem Mars und zwei weiteren Planeten, im ersten Haus. Persönlichkeits-Entwicklung ist angesagt. Die Seele (Mond) erlebt eine Herausforderung (Saturn) im Bereich der Partnerschaft (Waage) und Ehe (achtes Haus). Pholus (Partner) und Venus (Beziehung) bilden eine Konjunktion im Schützen (Ausland) im elften Haus (Wassermann).

Tatsächlich war es im Jahr 2011 so, dass ich mich von einer beruflichen Partnerschaft behindert fühlte und sie beendete. Unsere private Partnerschaft war gefährdet, weil meine Frau und ich mit unserem Leben nicht mehr zufrieden waren. Es war alles zu aufgebläht und großkotzig geworden. Ich hatte jahrelang Unsummen für Mietzinse ausgegeben für unsere Attikawohnung über dem Zugersee und mein Institut von 170 Quadratmetern, das ich die meiste Zeit über alleine bediente, wenn ich nicht gerade im Berner Oberland Seminare gab oder, wie seit 2009 nach dem Tod unseres Hundes wieder üblich geworden, gerade wieder einen Monat in Kalifornien verbrachte. Mitte August 2011 war es für Nany und mich klar: Wenn wir unsere langjährige Ehe frisch halten und noch eine Weile weiterleben wollten, dann gab es nichts anderes als unsere alte Heimat Kalifornien wieder in unser Leben zu integrieren. Ferner war uns klar, dass wir das Städtchen Zug mit seiner widersprüchlichen Energie, in der wir nie richtig heimisch geworden waren, nach vierzehn Jahren verlassen mussten. Diese Diskrepanz zwischen biederer Verschlafenheit, Geldgier und Steuerhinterziehung, die dieser Stadt anhaftet, war für uns unerträglich geworden. Wenn ich in die Tiefgarage meines Instituts einfuhr und die mit Filzmatten bedeckten, ungebrauchten Ferraris, Bentleys und Lamborghinis sah, musste ich mich jeweils fast übergeben. Das alles war ziemlich neu für mich, denn ich war materiellem Erfolg gegenüber nie abgeneigt gewesen. Auch heute noch finde ich Wohlstand etwas Schönes. Aber wenn er als Ersatz für Lebenssinn dienen soll, dann verzichte ich lieber darauf.

Schon die Progressionen hätten, wie Du weißt, darauf hingewiesen, wenn ich sie damals konsultiert hätte. Und das Solarhoroskop mit Pholus und Venus im Schützen deutet ebenfalls darauf hin. Das elfte Haus gibt eine Portion Wassermann-Energie dazu. Habe ich schon erwähnt, dass Wassermann-Karrieren selten linear verlaufen? Weil der Wassermann ein Individualist ist und sich selber treu bleibt, muss er sich auch immer mal wieder ganz neu erfinden. Auch das haben wir 2011 getan. Das MC im Skorpion passt an sich zur tiefenpsychologischen Hypnose, die ich seit

1997 ausübe, aber es kann auch auf okkulte Wissenschaften hinweisen, die beruflich mehr und mehr eine Rolle spielen. Tatsächlich habe ich 2011 begonnen, die Astrologie ganz sachte in meine Seminare und Coachings einfließen zu lassen. Nicht, weil das Solarhoroskop es sagt (um ehrlich zu sein, studiere ich das von 2011 heute zum ersten Mal!), sondern weil es mich fasziniert. Der MC-Herrscher Pluto im Steinbock würde weiter darauf hinweisen, dass die Astrologie auf eine bodenständige und erfolgsorientierte Weise vermittelt werden soll, wie sich das für mich gehört.

All dies wusste ich damals nicht, denn ich war immer noch dabei, mich mit Geburtshoroskopen herumzuschlagen und hatte keine Zeit, mich auch noch mit Transiten, Progressionen und Solarhoroskopen zu befassen. Dennoch hat mich meine Intuition richtig geführt. Und das wird vermutlich auch bei Dir so sein. Deshalb brauchst Du die Astrologie genau so wenig dringend wie ich. Nur manchmal ist es halt angenehm, eine „kosmische" Bestätigung zu bekommen für das, von dem man glaubt, dass es richtig ist.

Hast Du Lust auf mein Solarhoroskop 2012? Gerne. Da wir in diesem Jahr bereits zwei Wohnsitze hatten, gibt es hier auch zwei Horoskope. Schauen wir uns zuerst das für die Schweiz an:

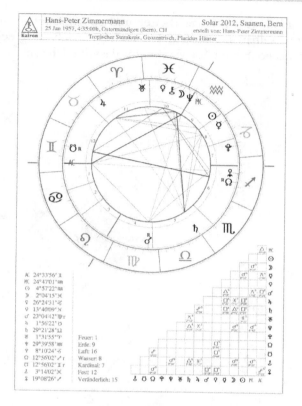

Hans-Peter Zimmermann
25 Jan 1957, 4:35:00b, Ostermundigen (Bern), CH
Tropischer Sternkreis, Geozentrisch, Placidus Häuser

Solar 2012, Saanen, Bern
erstellt von: Hans-Peter Zimmermann

AC 24°33'56" ♊
MC 24°47'01" ♒
☉ 4°57'22" ♒
☽ 2°04'15" ♓
♀ 26°24'31" ♑
☿ 13°40'09" ♓
♂ 23°04'42" ♍ r
♃ 1°56'22" ♑
♄ 29°21'28" ♏
♅ 1°31'55" ♈
♆ 29°39'58" ♒
♇ 8°10'24" ♑
☊ 12°56'02" ♐ r
☋ 12°56'02" ♊ r
☽ 3°14'02" ♓
⚷ 19°08'26" ♐

Feuer: 1
Erde: 9
Luft: 16
Wasser: 8
Kardinal: 7
Fest: 12
Veränderlich: 15

Die Sonne ist im neunten Haus, dem Haus mit Auswanderer-Energie. Im April 2012 flogen wir nach Kalifornien, und nach einem Monat im Hotel zogen wir in unser Haus. Der Mond steht, zusammen mit Chiron und Venus, in den Fischen und bildet eine Konjunktion mit dem Mystiker- Planeten Neptun im zehnten Haus. Tatsächlich hatten meine Kunden sich mit einem gewaltigen Schub in Richtung offen gelebte Spiritualität abzufinden. Mein erstes gechanneltes Buch, „Erfolg 3000", erschien im April 2012. Das MC im Wassermann und sein Herrscher im Wassermann-Haus, das war „HPZ neu erfunden". Der Zwillinge-AC deutet vermutlich nicht auf Kommunikation hin; die war immer schon Bestandteil meines Charakters. Zwillinge-, Merkur- oder Dritthaus- Energie deuten sehr oft auf eine Phase neuen Lernens hin. Und das war auch so. Ich habe mich in wenigen Monaten so intensiv in das Gebiet des Drehbuchschreibens und die Gesetze Hollywoods eingearbeitet und so unglaublich viel gelernt, dass ich heute selbst auf diesem Gebiet als Coach tätig sein könnte. Schauen wir uns noch die USA-Version für dasselbe Jahr an:

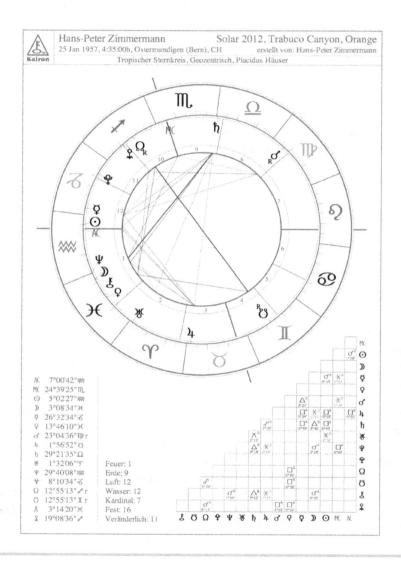

Die Konjunktion Sonne-Aszendent deute ich so, dass ich 2012 ein ganzheitlicherer Mensch wurde und noch authentischer und transparenter kommunizierte. Der Aszendent im Zeichen Wassermann deutet darauf hin, dass ich mich getraut habe, ich selbst zu sein, aufs Risiko hin, von einigen Menschen abgelehnt zu werden. Das war auch der Fall. Etliche Kunden konnten diesen Schritt nicht nachvollziehen und verabschiedeten sich. Das habe ich jedoch schon öfter in meinem Leben mitgemacht. Es war immer so, dass sich in kurzer Zeit eine völlig neue Kundschaft gebildet hat, die noch besser zu mir passte.

Der langen Rede kurzer Sinn: Wenn Du Dir dieses Solarhoroskop im Detail betrachtest, sagt es genau dasselbe aus wie die Schweizer Version. Übrigens fällt mir gerade auf, dass auch die Verteilung der Elemente und Qualitäten sehr viel über mein damaliges Temperament aussagt. Wenig Feuer und kardinal und viel Wasser bestätigen mir, dass meine Müdigkeit und übermäßige Sensibilität nicht von ungefähr kam. Nach außen hin hat man zwar damals nicht viel gemerkt, weil ich seit Jahren ein sehr effizientes Zeitmanagement pflege, aber ich war das ganze Jahr über sehr müde und schlief viel. Mir war jedoch klar, auch ohne Astrologie, dass mit mir alles stimmt, und dass es sich dabei um eine ganz wichtige seelische und körperliche Regenerationsphase handelte, die andere vielleicht ignoriert hätten und dadurch im irreversiblen Burnout gelandet wären.

So, aber jetzt haben wir genug von mir geredet. Ich will noch ein paar Beispiele von Kunden anführen, die mir erlaubt haben, ohne Namensnennung natürlich, über ihre tollen Erfahrungen mit meinem Astro- Coaching zu berichten.

Einem Informatiker, der sich mit dem Gedanken befasst, sich irgendwann selbständig zu machen, sagte ich aufgrund der Krebs- und Vierthaus-Betonung im Solarhoroskop 2014, dass dieses Jahr wohl noch nicht geeignet sei, denn aus irgend einem Grund stehe die Familie und das Zuhause im Vordergrund. Der Mann konnte damit vorerst nichts anfangen. Ein paar Wochen später schrieb er mir:

Du sagtest, dass 2014 ganz im Zeichen der Familie stehen würde. Zu diesem Zeitpunkt war meine Frau bereits schwanger, aber wir wussten es noch nicht, und im Mai wird es nochmals Nachwuchs geben. Also auch hier ein Volltreffer.

Eine andere Kundin ist mit einem Japaner verheiratet, der als Sushi-Koch in einem Restaurant angestellt ist. Die beiden haben eine vierjährige

Tochter, und sie sagt, sie möchte unbedingt mindestens vier Kinder haben. Wann denn die kommen würden. Ich antwortete ihr: „Wann die *kommen*, kann ich dir nicht sagen. Ich kann dir lediglich verraten, wann gemäß Solarhoroskop eine gute *Zeitqualität* dafür wäre. Handeln musst du selbst. Wenn aber deine Intuition etwas anderes sagt, folge um Gottes willen deiner Intuition!"

Kinder sind ganz klar mit dem Zeichen Löwe und dem fünften Haus verbunden. Familie und Muttersein mit dem Krebs und dem vierten Haus. Davon war in den Solarhoroskopen bis Dezember 2017 nichts zu sehen, eher etwas in Richtung Gastronomie und fremde Kulturen. Sie organisiert seit einigen Jahren so genannte Japan-Spaziergänge in einer Schweizer Stadt, und sie und ihr Mann haben kürzlich mit dem Gedanken gespielt, ein eigenes Sushi-Restaurant zu eröffnen. Das Solarhoroskop für Dezember 2017 zeigt dann diesen Holzhammer:

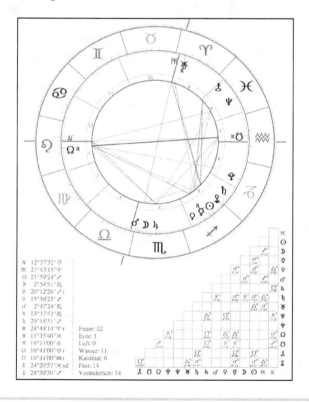

Ist das nicht der Wahnsinn? Ein proppenvolles fünftes Haus und der Aszendent im kinderfreundlichen Löwen!

Die Klientin meinte, das decke sich voll mit ihrer Intuition. Im Moment stehe ihr der Sinn nämlich überhaupt nicht nach Kindern. Sie wolle an ihrer Karriere arbeiten. 2018 für weiteren Kindersegen, das passe hervorragend.

Übrigens zeigen ihre Solarhoroskope für 2018 und 2019 viel Krebs- und Vierthaus-Energie an, was darauf hindeutet, dass sie sich eine Weile ganz der Mutterrolle widmen dürfte. Bei ihren späteren Solarhoroskopen kommt jedes Jahr eine gehörige Portion Skorpion-Energie dazu, und als ich sie fragte, ob sie schon einmal an Therapie oder Coaching gedacht hätte, was bekanntlich skorpionische Themen sind, meinte sie, das sei die nächste Karriere, die sie anstrebe.

Nachtrag 2022: Die Frau hat bis jetzt kein weiteres Kind bekommen, und das beweist einmal mehr, dass Solarhoroskope keine Zukunftsprognose darstellen. Sie zeigen lediglich eine Zeitqualität an. Was wir damit machen, ist unsere Sache. Daher ist es auch sinnlos, wenn eine Klientin beispielsweise fragt, wann der nächste Lover auf der Matte stehe. Da kann noch so viel Waage- und 7.-Haus-Energie vorhanden sein; wenn sie sich in ihrer Wohnung einschließt, wird sie ihren Liebhaber niemals kennenlernen.

Damit will ich das Kapitel Solarhoroskope abschließen und Dir ein paar wichtige Dinge zum Thema Beziehungen sagen. Aber vorher noch ein Wort an alle Skeptiker, die bis hierhin durchgehalten haben: Wenn Ihr der Meinung seid, das alles habe sehr viel mit Cold Reading zu tun, dann verstehe ich das. Für diejenigen, die nicht wissen, was Cold Reading bedeutet: Diese Technik wird oft von sogenannten Hellsehern angewandt. Der Hellseher macht eine vage Aussage und prüft sofort anhand der Körpersprache und natürlich auch der verbalen Kommunikation seines Gegenübers, ob er auf der richtigen Spur ist. Wenn ja, macht er in dieser Richtung weiter; wenn nein, korrigiert er seine Aussagen sofort.

Ich kann guten Gewissens sagen, dass ich diese Technik bei der Deutung von Solarhoroskopen nicht anwende. Denn ich habe zahlreiche blinde Readings durchgeführt, ohne den Klienten vor mir zu haben, ja ohne ihn im geringsten zu kennen, und die Kunden haben mir immer bestätigt, dass das zutreffend sei. Auch treffe ich keine vagen Aussagen, sondern spreche immer klar aus, um welche Energieform es sich handelt. Natürlich ist es auch für mich angenehmer, ein Horoskop zusammen mit dem Klienten zu studieren, aber eine Bedingung ist es absolut nicht.

*Ernsthafte Lerner fassen hier
das Kapitel zusammen:*

Was ist der Zweck einer Beziehung?

Bevor wir uns mit den drei Arten von Beziehungshoroskopen auseinandersetzen, die mir geläufig sind, dem Synastrie-, dem Composit- und dem Combin-Horoskop, will ich klarstellen, wie ich über Beziehungen denke.

Eine Beziehung ist *nicht* ein lebenslanger Eintritt in einen Vergnügungspark, sondern in eine Schule. Aber: Eine Schule zu besuchen sollte zu einem großen Teil auch Spaß machen. Ein paar herausfordernde Aspekte zwischen den Partnern sind okay und sogar wichtig für die Entwicklung, aber in wichtigen Dingen ist es sinnvoll, wenn eine gewisse Harmonie besteht.

Was Du sofort vergessen kannst, sind diese Feld-Wald-Wiesen-Aussagen wie „Wassermänner passen gar nicht zu Jungfrauen". Das ist ein Riesen-Blödsinn. Mittlerweile müsste es jedem klar geworden sein, dass es „den Wassermann" oder „die Jungfrau" nicht gibt. Jeder Mensch ist eine Mischung aus unterschiedlichen Energien oder, wie ich zu sagen pflege, ein komplexes Gesamtkunstwerk. Es ist schon korrekt, dass sich Wassermann- und Jungfrau-Energie in vielen Punkten widersprechen. Aber wenn man das Synastrie-Horoskop von mir (Sonne im Wassermann) und meiner Frau (Sonne in der Jungfrau) anschaut, dann fällt sofort auf, dass meine Frau nicht nur den Aszendenten im Wassermann hat, sondern dieser auch noch gradgenau auf meiner Sonne liegt, nicht einmal elf Bogenminuten von ihr entfernt. Und diese außergewöhnliche Kompatibilität hat uns bis heute (2022) 42 Jahre begleitet.

Aber ich greife vor. Wir müssen ja zuerst einmal klären, was ein Synastrie-Horoskop ist. Bei einem Synastrie-Horoskop legt man einfach die beiden Horoskope übereinander und schaut, welche Aspekte die Planeten zueinander bilden. Das sieht bei Nany und mir so aus:

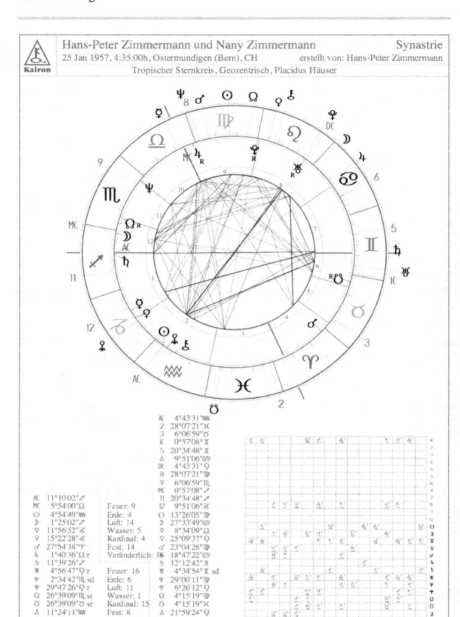

Hans-Peter Zimmermann und Nany Zimmermann — Synastrie
25 Jan 1957, 4:35:00h, Ostermundigen (Bern), CH — erstellt von: Hans-Peter Zimmermann
Tropischer Sternkreis, Geozentrisch, Placidus Häuser

AC	4°43'31" ♒	
2	28°07'21" ♓	
3	6°06'59" ♉	
IC	0°57'08" ♊	
5	20°34'48" ♊	
6	9°51'06" ♋	
DC	4°43'31" ♌	
8	28°07'21" ♍	
9	6°06'59" ♏	
MC	0°57'08" ♐	
11	20°34'48" ♐	
12	9°51'06" ♑	

AC	11°10'02" ♐			
MC	5°54'00" ♌	Feuer: 9	☉	13°26'05" ♍
☉	4°54'49" ♒	Erde: 4	☽	27°33'49" ♋
☽	1°25'02" ♐	Luft: 14	☿	8°34'09" ♌
☿	11°56'52" ♑	Wasser: 5	♀	25°09'37" ♌
♀	15°22'28" ♑	Kardinal: 4	♂	23°04'28" ♍
♂	27°54'38" ♈	Fest: 14	♃	18°47'22" ♋
♃	1°40'36" ♌ r	Veränderlich: 16	♄	12°12'42" ♊
♄	11°39'26" ♐		♅	4°34'54" ♊ sd
♅	4°56'47" ♌ r	Feuer: 16	♆	29°00'11" ♍
♆	2°34'42" ♏ sd	Erde: 6	♇	6°26'12" ♌
♇	29°47'26" ♌ r	Luft: 11	☊	4°15'19" ♍
☊	26°39'09" ♏ sr	Wasser: 1	☋	4°15'19" ♓
☋	26°39'09" ♉ sr	Kardinal: 15	⚷	21°59'24" ♌
⚷	11°24'11" ♒	Fest: 8	⚵	17°42'23" ♑ r
⚵	7°03'44" ♒	Veränderlich: 11		

Innen sind meine Geburtsplaneten abgebildet und außen die meiner Frau. Ihr Aszendent (AC) direkt auf meiner Sonne ist klar ersichtlich, ihr Saturn (Treue) auf meinem Deszendenten (Partner) ebenso. Ihr MC direkt auf meinem Mond fällt ebenfalls auf, und ihr Pholus auf meiner Venus. Ferner bildet Ihr Pluto und mein Uranus eine Konjunktion sowie ihr Neptun und mein Jupiter.

Die Kuschel-Astrologen würden hier sicher für jeden Aspekt irgend eine Barnum-Aussage zusammenbasteln, aber das ist mir zuwider. Für mich genügt es zu wissen, dass Konjunktionen als harmonische und unterstützende Aspekte gelten. Hier nehme ich ausnahmsweise auch die anderen ptolemäischen Aspekte dazu. Da man die in dieser Grafik etwas schlecht erkennen kann, gibt es das Aspektraster rechts unten. In der waagerechten Achse sind meine Planeten aufgeführt, in der senkrechten die meiner Frau:

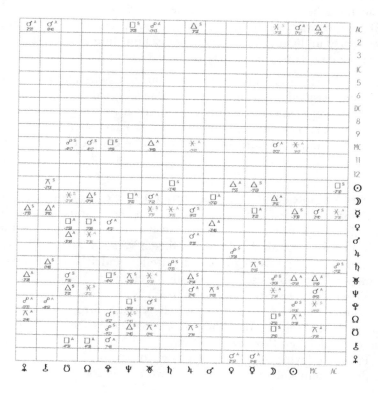

Für mich ist wichtig, dass meine Planeten von Nanys Planeten wie folgt aspektiert werden:

- 18 Konjunktionen (traditionell harmonischer Aspekt)
- 19 Trigone (traditionell harmonischer Aspekt)
- 13 Sextile (traditionell harmonischer Aspekt)
- 9 Oppositionen (traditionell spannungsgeladener Aspekt)
- 15 Quadrate (traditionell spannungsgeladener Aspekt)

Man verzeihe mir die Milchbüchlein-Rechnung, aber das sind 50 gegen 24. Und dabei habe ich die Bereiche noch nicht einmal gewichtet. Nanys positive Aspekte zu meiner Sonne und meinem MC und das Trigon zwischen unseren Monden (Seelenverwandtschaft) sind so deutlich zu spüren, dass wir uns den restlichen Herausforderungen gerne stellen und auch die Tatsache akzeptieren, dass unsere Merkurs (oder heißt das Merkürer?) ein Quadrat bilden. Missverständnisse in der verbalen Kommunikation? Entschuldigung, aber jeder, der schon einmal verheiratet war, weiß, das ist eine Aussage, die auf jede Beziehung zutrifft.

Ich arbeite heute (2022) nur noch am Rand mit Synastrie-Horoskopen, und das hat folgenden Grund: Meine Erfahrung hat gezeigt, dass reife Paare, die spüren, dass sie zusammengehören, auch mit größeren herausforderungen zurechtkommen, während unreife Paare auch bei günstigster Synastrie die Flinte ins Korn werfen, sobald die ersten Konflikte auftauchen.

Die zweite Variante des Beziehungshoroskops ist das Composit. Und da muss ich einmal mehr sagen: Dem Himmel sei Dank dafür, dass wir heute so tolle Computer-Programme haben. Sonst müssten wir nämlich folgende mühsame Rechenaufgabe bewerkstelligen: Wir müssten, beim Widder beginnend, den Tierkreis in 360 Grad aufteilen und schauen, bei wie viel Grad meine Sonne in diesem 360-Grad-System liegt. Das sind 304 Grad und ein paar Zerquetschte. Dann nehme ich Nanys Sonne. Die finden wir bei plusminus 163 Grad. Jetzt wähle ich die kürzere Strecke zwischen den beiden und nehme den Mittelpunkt davon. Das ist unsere Composit-Sonne. Dem gleichen Prozedere unterwerfe ich jedes weitere unserer Planeten-Paare, und wir haben ein Composit-Horoskop.
Wozu das gut sein soll? Geduld. Schauen wir es uns doch erst einmal an.

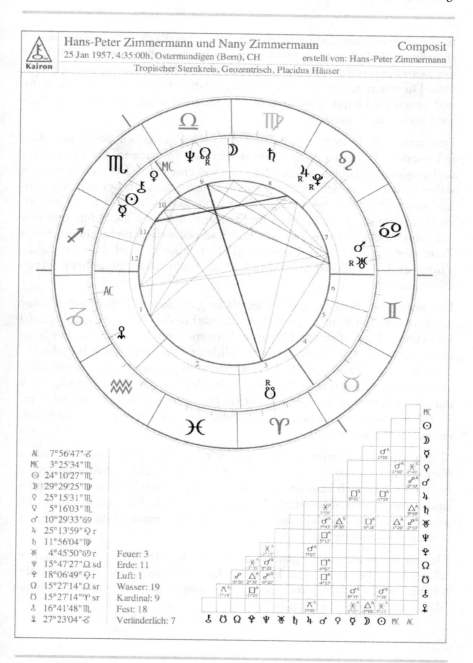

Hans-Peter Zimmermann und Nany Zimmermann — Composit
25 Jan 1957, 4:35:00h, Ostermundigen (Bern), CH — erstellt von: Hans-Peter Zimmermann
Tropischer Sternkreis, Geozentrisch, Placidus Häuser

AC 7°56'47"♐
MC 3°25'34"♏
☉ 24°10'27"♏
☽ 29°29'25"♍
☿ 25°15'31"♏
♀ 5°16'03"♏
♂ 10°29'33"♋
♃ 25°13'59"♌ r
♄ 11°56'04"♍
♅ 4°45'50"♋ r
♆ 15°47'27"♌ sd
♇ 18°06'49"♌ r
☊ 15°27'14"♌ sr
☋ 15°27'14"♈ sr
⚷ 16°41'48"♏
⚶ 27°23'04"♐

Feuer: 3
Erde: 11
Luft: 1
Wasser: 19
Kardinal: 9
Fest: 18
Veränderlich: 7

Ist Dir schon einmal aufgefallen, vor allem bei Paaren, die schon länger zusammen sind, dass es da fast so etwas wie eine dritte Instanz gibt? Dass die Beziehung selbst eine Art Lebensaufgabe hat? Oder anders gefragt: Hast Du schon einmal bei Bekannten erlebt, dass sie nach der Scheidung und erneuten Heirat ganz andere Menschen wurden und auch als Paar ganz anders auftraten?

Der kurzen Rede tiefer Sinn: Die Composit-Fans gehen davon aus, dass jedes seriöse Paar, unabhängig von den beiden Individuen, ein Eigenleben und eine eigene Lebensaufgabe hat, fast wie eine dritte Instanz. Wenn das stimmt, dann habe ich es Nany zu verdanken, dass ich bei der Hypnose und zusätzlich bei der Astrologie (Skorpion) gelandet bin. Unser Composit-Horoskop zeigt ein Stellium im Skorpion, das auch die Sonne und den MC einschließt. Unsere individuellen Radices weisen nicht einmal einen Zehntel dieser Skorpion-Energie auf. Der Sonnen- und MC-Herrscher Pluto und der Composit-Mond sind zusätzlich im achten Haus (Skorpion).

Der nördliche Mondknoten (da geht's lang in diesem Leben) macht eine Konjunktion mit dem Neptun (Spiritualität) in der Waage (Partnerschaft) im neunten Haus (Fremde Kulturen, Unterrichten, Publizieren). Die Sonne im zehnten Haus deutet auf den solide erarbeiteten Erfolg hin; die Venus (Beziehung) auf dem MC, dass man sich gegenseitig im Beruf hilft. Das ist tatsächlich so. Im Jahr 1984 half ich Nany zunächst, ihr Geschäft aufzubauen, und als es gut lief, half sie mir bei meinem Firmenstart. Und so haben wir es schon öfter erlebt, dass der eine dem anderen beruflich eine wichtige Stütze war.

Wie gesagt, ein Composit-Horoskop wird für ein Paar, das sich gerade über ein Internet-Portal kennengelernt hat, nicht sehr sinnvoll sein. Aber bei Paaren, die sich zueinander bekennen und schon jahrelang zusammen sind, kann es eine sehr nützliche und verbindende Erfahrung sein, wenn sie merken, dass das Universum sich etwas dabei gedacht haben muss, als es sie zusammenbrachte.

Klar, wenn Du an Zufälle glaubst, ist das der größte Mumpitz, den man je gehört hat. Aber Hand aufs Herz: Du hast doch nicht bis hierhin durchgehalten und glaubst immer noch, dass unsere Welt von einem Riesen-Glücksrad gesteuert wird, oder?

Ein weiteres Paar-Horoskop nennt sich Combin. Und es kommt auf völlig andere Art zustande als das Composit-Horoskop. Und dennoch zeigt es bei Paaren, die offensichtlich auf höherer Ebene zusammengehören, verblüffende Ähnlichkeiten auf.

Für das Combin-Horoskop nehme ich meinen Geburtstag und die Geburtszeit, dann Nanys Geburtstag und Geburtszeit, und der Zeitpunkt, der genau dazwischen liegt, wird für das Combin-Horoskop verwendet. Dasselbe macht man mit dem Ort. Wenn ein Partner in Hamburg und der andere in München geboren ist, wird der Geburtsort des Combin-Horoskops genau auf der Mitte der Luftlinie zwischen München und Hamburg liegen.

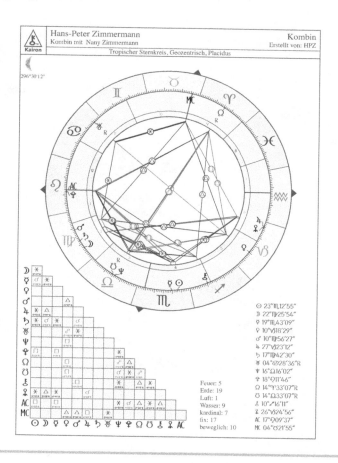

Auch hier sehen wir im Combin-Horoskop von meiner Frau und mir eine starke Betonung in Skorpion, Jungfrau und Steinbock. Tiefenpsychologische Arbeit und okkulte Wissenschaften (Skorpion), mit jungfräulichem Fleiß auf ein erfolgsorientiertes Fundament (Steinbock) gestellt. Das alles wäre mir möglicherweise mit einer anderen Frau an meiner Seite nicht gelungen.

*Ernsthafte Lerner fassen hier
das Kapitel zusammen:*

Finger weg von der Stunden-Astrologie!

Du wirst wahrscheinlich einwenden, ich hätte wirklich einen Knall, wenn ich Dir etwas über Stunden-Astrologie erzähle und gleichzeitig mahne, die Finger davon zu lassen.

Warum will ich trotzdem, dass Du über dieses schwarzmagisch anmutende Gebiet der Astrologie Bescheid weißt? Erstens, weil ich finde, Du solltest alles wissen, was ich auch weiß. Und zweitens, damit Du im Bild bist und Deinen Kunden ebenfalls guten Gewissens sagen kannst: „Finger weg von diesem Zweig der Astrologie! Er schadet mehr als dass er nützt."

Worum geht es bei der Stunden-Astrologie? Ein Klient geht zum Stunden-Astrologen mit einer ganz konkreten Frage. Die könnte zum Beispiel so lauten:

- Wird meine Katze bald sterben?
- Werde ich eine Gehaltserhöhung bekommen?
- Wird es einen Buch-Deal mit einem großen Verlag geben?
- Werde ich meine Krebs-Erkrankung überleben?
- Wurde mein Portemonnaie gestohlen oder habe ich es nur verlegt? Falls Letzteres, wo ist es?

Du wirst es nicht glauben, aber es gibt tatsächlich namhafte Astrologen, die behaupten, sie könnten solche Fragen wahrheitsgemäß beantworten. Ein bekannter amerikanischer Astrologe (wohlverstanden, es war nicht Steven Forrest, der würde so etwas nicht tun), bei dem ich eine Zeitlang eine wöchentliche Unterrichtsstunde besuchte, erzählte uns allen Ernstes, er hätte einem Kunden klar gesagt, dass seine Krebs-Erkrankung ihn nicht umbringen würde. Mir sagte er voraus, dass ich bald ein Drehbuch würde verkaufen können und dann in Hollywood Berühmtheit erlange.

„Was ist, wenn ich das gar nicht will?" hakte ich nach. „Da hast du keine Wahl, das ist so vorbestimmt," meinte er lakonisch. Na servus, also kann ich das Skript in einer Schublade einschließen; es wird einer bei mir einbrechen, es lesen, begeistert sein und mir ein Angebot unterbreiten, das ich nicht ausschlagen kann oder wie?

Ich verließ daraufhin die Klasse und ward nicht mehr gesehen. Im Folgenden will ich Dir kurz erklären, wie die Stunden-Astrologen vorgehen, damit Du siehst, wie bescheuert das Ganze ist:

Sobald der Stunden-Astrologe die Frage gehört und verstanden hat, erstellt er ein Horoskop von der momentanen Situation am Himmel. Als Ort wählt er seinen eigenen Aufenthaltsort. Wenn er zwei Stunden weg war, nach Hause kommt und auf seiner Voicemail eine Anfrage von einem Kunden hört, zählt dieser Moment und nicht derjenige, zu dem der Klient seine Frage gestellt hat. Siehst Du schon, wie fatalistisch das Ganze sich anfühlt? Wenn das funktionieren würde, wäre unser freier Wille ganz verschwunden.

Als Vertreter des Klienten wählt er den Herrscher des Aszendenten, und zwar gelten hier ausschließlich die ganz alten Herrscher:

- Mars über Widder
- Venus über Stier
- Merkur über Zwillinge
- Mond über Krebs
- Sonne über Löwe
- Merkur über Jungfrau
- Venus über Waage
- Mars über Skorpion
- Jupiter über Schütze
- Saturn über Steinbock
- Saturn über Wassermann
- Jupiter über Fische

Wenn also im Stunden-Horoskop der Aszendent in den Fischen ist, dann ist der Stellvertreter des Fragenden der Jupiter. Und jetzt muss man wissen, mit welchem Haus die Frage zu tun hat. Da gelten folgende Regeln;

einige davon werden Dir bekannt vorkommen, und jetzt weißt Du auch, aus welcher Ecke diese Informationen stammen:

Haus	Themen
1	Persönliche Entwicklung, Vitalität, Körper
2	Geld, Besitz
3	Geschwister, Lernen, kurze Reisen
4	Eltern, Zuhause, Familie
5	Kinder, Schwangerschaft, Sex
6	Bedienstete, kleine Haustiere, Arbeit, Krankheiten
7	Beziehungen, Ehe, Partner, Verträge, Gerichtsprozesse
8	Tod, Erbschaft, fremdes Geld
9	Weite Reisen, Ausländer, Bildung
10	Karriere, Ruf, Vorgesetzte, Beförderungen
11	Freunde, Gruppen, Allianzen
12	Verlust, Krankheit, Feinde, Gefängnisse

Angenommen, ich wäre Stunden-Astrologe und ein Kunde hätte mich genau zu der Zeit angerufen, wo ich dieses Kapitel schrieb (ich lebte damals in Kalifornien) mit der Frage, ob er und sein Bruder wieder zusammenfinden. Dann hätte ich sofort ein Horoskop für meinen damaligen Aufenthaltsort erstellt, und das sähe so aus:

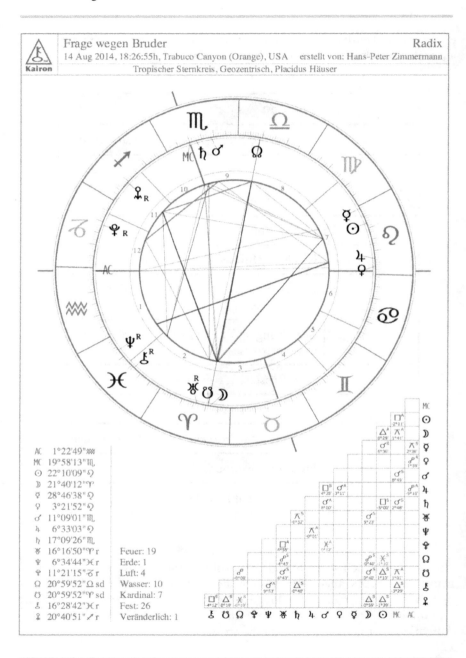

Frage wegen Bruder — Radix
14 Aug 2014, 18:26:55h, Trabuco Canyon (Orange), USA   erstellt von: Hans-Peter Zimmermann
Tropischer Sternkreis, Geozentrisch, Placidus Häuser
Kairon

AC   1°22'49" ♒
MC   19°58'13" ♏
☉   22°10'09" ♌
☽   21°40'12" ♈
☿   28°46'38" ♌
♀   3°21'52" ♌
♂   11°09'01" ♏
♃   6°33'03" ♌
♄   17°09'26" ♏
♅   16°16'50" ♈ r   Feuer: 19
♆   6°34'44" ♓ r   Erde: 1
♇   11°21'15" ♑ r   Luft: 4
☊   20°59'52" ♎ sd   Wasser: 10
☋   20°59'52" ♈ sd   Kardinal: 7
⚷   16°28'42" ♓ r   Fest: 26
⚵   20°40'51" ♐ r   Veränderlich: 1

Der Vertreter des Kunden wäre der alte Herrscher des Zeichens Wassermann, also Saturn. Für den Bruder nimmt man den Herrscher der Spitze des dritten Hauses. Die Spitze des dritten Hauses ist im Widder, also ist der Stellvertreter des Bruders der Mars. Und das einzige, was der Stunden-Astrologe jetzt tut, ist zu schauen, was für ein Aspekt zwischen Saturn und Mars steht, wobei es nur darauf ankommt, ob der Aspekt „applying", also „annähernd" oder „separating", also „trennend" ist. Hier wäre die Antwort ganz klar: „Ihr kommt wieder zusammen, und zwar wird der Bruder vermutlich den ersten Schritt tun, weil der Mars schneller ist als der Saturn."

Übrigens, einige Stunden-Astrologen würden bei diesem Beispiel abwehren und sagen: „Die Frage kommt zu früh und kann nicht beantwortet werden." Der Grund? Der Aszendent ist gerade erst ins Zeichen Wassermann gerutscht. Er sollte eindeutig in einem Zeichen liegen, also zwischen 3 und 27 Grad.

Ist das jetzt ziemlich bescheuert oder völlig gaga? Wundert man sich da noch, dass die Astrologie unter einem schlechten Ruf leidet? Die Weltsicht des Stunden-Astrologen kommt mir vor wie die eines ganz schlechten Feng-Shui-Beraters: Die Häuser, 2, 4, 6 und 8 sind „schlechte Häuser". Warum, das weiß kein Mensch. Wenn der Stellvertreter einer gesuchten Sache sich in einem dieser Häuser befindet, uiii, ganz schlecht! Und natürlich sind Mars und Saturn der kleine und der große Übeltäter, während Venus und Jupiter den Ruf des kleinen respektive großen Glücksbringers genießen.

Lust auf ein weiteres Beispiel?
Okay, aber auf Deine Verantwortung! In der Woche darauf flog ich wieder für ein paar Wochen in die Schweiz. Angenommen, ich wäre am Mittwoch in Gstaad angekommen und hätte in der Post eine vier Wochen alte Anfrage von einem Kunden entdeckt, ob er seine vermisste Katze wieder finde. Dann hätte ich, wenn ich ein Knallkopf von Astrologe wäre, für den Moment, wo ich die Frage verstanden hatte, ein Horoskop für den Ort Gstaad erstellt, und das sähe so aus:

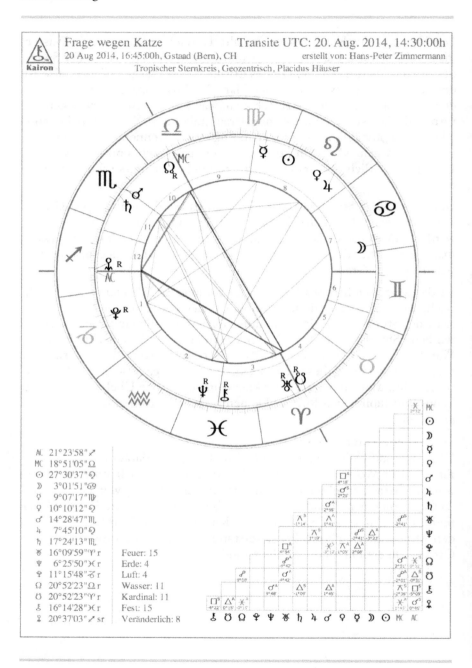

Der Vertreter des Kunden ist der Jupiter, der Vertreter der Katze der Herrscher von 6 (kleine Haustiere), also Merkur. Merkur ist schneller und rennt dem Jupiter davon. Es sei denn, Merkur wäre rückläufig, aber das ist nicht der Fall. Also lautet die Antwort des Stunden-Astrologen ganz eindeutig: „Die Katze kannst Du vergessen. Die ist weg! Vermutlich tot, denn Merkur ist im achten Haus."

Super, oder? Das entbindet uns völlig von jeder Eigenverantwortung und macht uns zu Fatalisten erster Güte!

Kann man solchen Unsinn auch noch steigern, fragst Du? Man kann! Stunden-Astrologen haben auch absolut nichts dagegen, dass man Fragen für andere stellt. Eine Mutter könnte zum Beispiel fragen, wo die Autoschlüssel ihres Sohnes geblieben seien. Rasch ein Horoskop vom gegenwärtigen Augenblick am Aufenthaltsort des Astrologen erstellen:

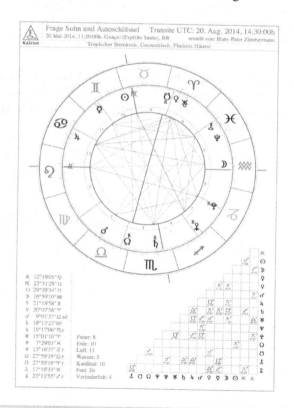

Da die Mutter für ihren Sohn fragt, nimmt man als Stellvertreter des Sohnes den Herrscher des fünften Hauses. Die Spitze des fünften Hauses ist im Schützen, also muss Jupiter herhalten für den Sohn. Achtung, und jetzt kommt der Trick! Das zweite Haus steht für Besitz, und dazu gehört auch der Autoschlüssel. Aber es geht ja um den Sohn, also müssen wir vom fünften Haus eines weiter zählen. Vertreter für den Autoschlüssel ist demnach der Herrscher von 6 (Steinbock), und das wäre der Saturn.

Dank der Tatsache, dass Saturn gerade rückläufig ist, haben wir hier ein applizierendes Trigon. Ergo, der Schlüssel wird wieder auftauchen! Gewisse Stunden-Astrologen behaupten auch noch, sie könnten anhand des Horoskops sehen, wo er sich befinde.

Jetzt bin ich ausnahmsweise total unwissenschaftlich und sage: „Das will ich alles gar nicht wissen!" Eine Welt, in der vorbestimmt ist, wann ich meinen Autoschlüssel verliere, wann ich einen Stunden-Astrologen zu Rate ziehe, damit der mir erzählen kann, ob ich ihn wiederfinde oder nicht, in so einer Welt würde ich nicht leben wollen, und ich hoffe, Du auch nicht.

Also nochmals meine dringende Empfehlung: Lass' die Finger von solchem Firlefanz! Der einzige Grund, warum ich Dir die wichtigsten Regeln der Stunden-Astrologie verraten habe, ist der, dass Du guten Gewissens sagen kannst: „Ja, ich weiß, wie's geht. Ist Blödsinn!"

Epilog – oder besser: Das war's erst mal, Freunde!

Ja, was bleibt mir noch zu sagen? Zunächst einmal, danke, dass Du mir Deine Zeit gewidmet hast, denn meine Botschaft ist mir sehr wichtig. Es ist mein Ziel, die Astrologie, so ähnlich wie ich das vor vielen Jahren mit der Hypnose getan habe, salonfähig zu machen. Sie hat es verdient, beachtet zu werden, und wir sollten gemeinsam eine Bastion gegen die dümmlichen Kuschel-Astrologen in unseren Boulevard-Blättern bilden.

Hypnose sollte nicht für Showzwecke missbraucht werden, und Astrologie genau so wenig. In einem vertrauensvollen Zweier-Setting kann sie, wie die Hypnose auch, wahre Wunder bewirken und uns das absolut Wichtigste im Leben vermitteln: Ein Gefühl dafür, dass all dies hier einen Sinn hat.

Ich wünsche Dir viel Freude mit Deinem neuen Coaching-Werkzeug. Wenn Du Deine Kenntnisse vertiefen und festigen willst, gibt es bei mir tolle, kurzweilige Seminare, in denen Du spielerisch weiterlernen kannst. Detaillierte Infos und zahlreiche Gratis-Tools findest Du jetzt gleich auf *www.hpz.ch*

Mögen die Sterne Deinen Weg beleuchten!

Nützliche Links

Das Erste, was Du wahrscheinlich haben möchtest nach dieser Lektüre, ist ein preisgünstiges Astro-Programm.

Mein Lieblings-Programm ist Kairon für Mac, erhältlich im App-Store. Es verfügt über die klarste Grafik und ist in deutscher Sprache erhältlich. Interpretationstexte gibt es keine, aber Du kannst selbst welche erstellen und Dir damit Dein maßgeschneidertes Deutungs-Programm basteln. Allerdings brauchst Du nach dieser Lektüre keine vorgefertigten Texte mehr.

Wer Englisch kann, sollte sich das Programm TimePassages anschauen: www.astrograph.com.
Das gibt es für Mac und Windows; auch eine abgespeckte Version fürs iPad ist erhältlich. Der Astrologe Henry Seltzer liefert dazu Deutungs-stexte, die für meinen Geschmack etwas zu vage formuliert sind. Für Lernende kann das trotzdem nützlich sein.

Das wohl umfangreichste englischsprachige Programm für Windows ist Solar Fire Gold (alabe.com). Aber das kann für meinen Geschmack schon fast zu viel.

Ein gutes deutschsprachiges Programm für Windows, bei dem man auch mehr oder weniger brauchbare Interpretationstexte dazu kaufen kann, ist AstroStar (www.astroglobe-web.de). Es enthält die brauchbarste Persön-lichkeits-Kurzdeutung, die ich kenne. Aber denke daran: Sie ist nicht halb so gut wie Deine, wenn Du jetzt gleich mit Üben beginnst!

Wer partout kein eigenes Programm kaufen will, kann eine einfache Ra-dix online erstellen lassen. Bei www.astro.com/horoskop kannst Du gratis ein Konto eröffnen und beliebig viele Zeichnungen von Geburts- horo-skopen erstellen lassen. Es gibt sogar kurze Interpretationen gratis; aus-führlichere kann man sich für wenig Geld bestellen. Netter Service, aber

Du wirst Dich wundern, wie sehr daneben die absoluten Hot Shots wie Robert Pelletier oder Bob Hand liegen können. Die Seite bietet außerdem eine Fülle von interessanten Artikeln zum Thema Astrologie. Bevor Du Dir ein Buch kaufst, studiere erst einmal das, was Du gratis bekommen kannst. A propos Buch: Vorsicht mit „Bestsellern" wie dem von Isabel Hickey. Das ist typische Angstmacher- und Wichtigtuer-Astrologie!

Seit der ersten Auflage dieses Buches ist eine geniale Neuheit dazugekommen. Sie stammt vom Astrologen und Zukunftsforscher Dr. Christof Niederwieser. Es handelt sich um eine Online-Software, und es gibt drei Möglichkeiten:

1. Du kannst einen anonymen Zugang legen und mit etwa 1000 Horoskop-Grafiken von Prominenten experimentieren.

2. Du kannst mit Deiner E-Mail-Adresse einen kostenlosen persönlichen Zugang legen und bis zu einhundert eigene Daten erfassen.

3. Du kannst für eine geringe Jahresgebühr einen Profi-Zugang legen und unbeschränkt mit allen Features arbeiten.

Der große Vorteil dieser Software besteht darin, dass das „Gruppenhoroskop", eine Erfindung von Christof Niederwieser, integriert ist. Dieses Tool erlaubt Dir, ganze Gruppen und Teams zu analysieren. Eine hoch spannende Angelegenheit, die manch einem Firmeninhaber oder Geschäftsführer zu mehr Erfolg verhelfen kann.
astrologie-software.com

Wenn Du einmal nichts mit einem Waage-MC oder einem Mars im vierten Haus anzufangen weißt, gibt es verschiedene recht brauchbare Astro-Seiten im World Wide Web. Ein sehr aktiver ist der Schweizer Peter Schmid (http://www.astroschmid.ch). Ich würde mir wünschen, dass er einmal einen Rechtschreib-Experten mit der Durchsicht seiner Homepage beauftragt, aber immerhin liefert er umfangreiches und größtenteils brauchbares Wissen.
Auch die Seite www.horoskop-paradies.ch von Eveline Duschletta habe ich am Anfang oft konsultiert.

Und natürlich gehört ins Repertoire jedes Astrologen die Web Site wiki.astro.com/astrowiki/de/Hauptseite mit vielen wertvollen Ressourcen und einer riesigen Promi-Datenbank.

Falls Du eine App fürs iPad suchst, kann ich Astroworx empfehlen, nur solltest Du bitte die Wischiwaschi-Deutungen ignorieren und Dich lediglich auf die Grafiken konzentrieren.
Interessant finde ich auch Timepassages Pro fürs iPad, das es allerdings nur in Englisch gibt. Der Autor Henry Seltzer hat darin auch ein „Compatibility Meter" integriert, das zeigen soll, wie kompatibel zwei Personen in einzelnen Lebensbereichen sind. Hier ist das von Nany und mir:

Solche Dinge sollte man, wie Du bereits weißt, nicht allzu ernst nehmen. Allerdings fand ich es schon spannend, als wir in Kalifornien einmal Besuch von einem Ehepaar hatten, das eine lausige Kompatibilität aufwies. Ich sagte natürlich nichts davon, war aber nicht allzu überrascht, als wir ein paar Wochen später von deren Scheidung erfuhren.

Stichwortverzeichnis